組込み開発のための
実践的プログラミング

鷹合 大輔・田村 修 著

近代科学社

◆ 読者の皆さまへ ◆

　平素より，小社の出版物をご愛読くださいまして，まことに有り難うございます．

　㈱近代科学社は 1959 年の創立以来，微力ながら出版の立場から科学・工学の発展に寄与すべく尽力してきております．それも，ひとえに皆さまの温かいご支援があってのものと存じ，ここに衷心より御礼申し上げます．

　なお，小社では，全出版物に対して HCD（人間中心設計）のコンセプトに基づき，そのユーザビリティを追求しております．本書を通じまして何かお気づきの事柄がございましたら，ぜひ以下の「お問合せ先」までご一報くださいますよう，お願いいたします．

　お問合せ先：reader@kindaikagaku.co.jp

　なお，本書の制作には，以下が各プロセスに関与いたしました：

・企画：冨髙琢磨
・編集：冨髙琢磨
・カバーデザイン：大日本法令印刷
・組版，印刷，製本，資材管理：大日本法令印刷
・広報宣伝・営業：山口幸治，東條風太

●本書に記載されている会社名・製品名等は，一般に各社の登録商標または商標です．本文中の©，®，™ 等の表示は省略しています．

・本書の複製権・翻訳権・譲渡権は株式会社近代科学社が保有します．
・ JCOPY 〈(社)出版者著作権管理機構 委託出版物〉
本書の無断複写は著作権法上での例外を除き禁じられています．
複写される場合は，そのつど事前に(社)出版者著作権管理機構
（電話 03-3513-6969，FAX 03-3513-6979，e-mail: info@jcopy.or.jp）の
許諾を得てください．

目　次

序章　この本について

- 0.1　はじめに 1
  - 0.1.1　本書の構成 2
  - 0.1.2　本書の使い方 2
  - 0.1.3　サポートサイト 3

1　基礎知識

- 1.1　組込み機器の構成 5
  - 1.1.1　組込み機器 5
  - 1.1.2　マイクロコントローラ 6
  - 1.1.3　マイコン搭載の回路基板 6
  - 1.1.4　電子回路の基礎 8
  - 演習問題 11
- 1.2　AVR マイコンのプログラム開発 12
  - 1.2.1　ATmega88PA マイコン 12
  - 1.2.2　AVR マイコンボード EMB-88 13
  - 1.2.3　AVR マイコンの C プログラム開発環境の概要 18
  - 1.2.4　AVR マイコンのプログラム例，
          プログラミング時の留意事項 21
  - 演習問題 28

2　組込みプログラミング入門

- 2.1　GPIO ポートの使い方 1 31
  - 2.1.1　ポート制御関係のレジスタの設定方法 31

	2.1.2 LED1/2 の制御	33
	2.1.3 ブザーの音程制御	40
	2.1.4 LED とブザーの併用	41
	演習問題	42
2.2	GPIO ポートの使い方 2	43
	2.2.1 マトリクス LED の制御	44
	2.2.2 スイッチの読み取りとチャタリング	49
	演習問題	55
2.3	周辺機能と割り込み	57
	2.3.1 マイコンの周辺機能とマルチファンクションピン . .	57
	2.3.2 マイコンの周辺機能と割り込み機能	57
	2.3.3 AVR マイコンのイベント処理について	60
2.4	ピン変化割り込み機能の使い方	62
	2.4.1 ピン変化割り込み関係のレジスタの設定方法	63
	2.4.2 ピン変化割り込みを使ったスイッチの読み取り . . .	64
	演習問題	69
2.5	内蔵タイマ機能の使い方 1	70
	2.5.1 タイマ関係のレジスタの設定方法	70
	2.5.2 タイマ周期の計算方法	77
	2.5.3 タイマの動作確認	78
	2.5.4 タイマ割り込みの動作確認	80
	2.5.5 タイマ割り込みの活用	83
	演習問題	87
2.6	内蔵タイマ機能の使い方 2	89
	2.6.1 コンペアマッチ出力機能の利用	89
	2.6.2 PWM 出力モードの利用	93
	2.6.3 8 ビット高速 PWM(OC2A) による LED の調光 . .	96
	2.6.4 8 ビット高速 PWM(OC2B) による ブザーの音程と音量調整	99
	2.6.5 8 ビット位相補正 PWM(OC1A) による LED の調光	100
	演習問題	101
2.7	USART シリアル通信機能の使い方	102
	2.7.1 シリアルターミナルを使ったマイコンとの通信 . . .	104
	2.7.2 USART 関係のレジスタの設定方法	105

		2.7.3	EMB-88 マイコンボードを使った USART 通信	108
		2.7.4	送受信の確認	109
		2.7.5	USART 割り込みの動作確認	111
		2.7.6	バッファの利用	113
			演習問題	119
	2.8	ADC 機能の使い方	121
		2.8.1	アナログ信号のサンプリングと量子化	121
		2.8.2	AVR マイコンの ADC 回路	123
		2.8.3	ADC 関係のレジスタの設定方法	124
		2.8.4	EMB-88 マイコンボードで ADC を行う前に	126
		2.8.5	ADC 動作の確認 (ADC5)	127
		2.8.6	ADC 完了割り込みの利用	129
		2.8.7	マトリクス LED を光センサのバーインジケータ として使う	130
		2.8.8	ADC 変換結果のシリアル通信	131
			演習問題	136
	2.9	フレームワークベースのアプリケーション開発	137
		2.9.1	フレームワークとユーザ処理	137
		2.9.2	PC 用フレームワークの活用	143
			演習問題	144

3 組込みプログラムの構成法

	3.1	時間の管理	149
		3.1.1	イベント駆動	149
			演習問題 $_1$	151
			演習問題 $_2$	153
		3.1.2	割り込み	153
			演習問題 $_1$	158
			演習問題 $_2$	162
		3.1.3	スリープモード	162
			演習問題 $_1$	164
			演習問題 $_2$	167
	3.2	状態の制御	168

　　　　　3.2.1　ステートマシン 168
　　　　　　　　演習問題₁ 169
　　　　　　　　演習問題₂ 175
　　　　　　　　演習問題₃ 178
　　　　　　　　演習問題₄ 185
　　　　　3.2.2　シーケンス制御 185
　　　　　　　　演習問題 195
　　3.3　タスクの実行 196
　　　　　3.3.1　協調的マルチタスク 196
　　　　　　　　演習問題 199
　　　　　3.3.2　プリエンプティブ・マルチタスク 203
　　　　　　　　演習問題 213
　　3.4　システムの保守 213
　　　　　3.4.1　運用と更新 213
　　　　　3.4.2　開発環境の内蔵 216
　　　　　3.4.3　BASIC インタプリタの実装 217
　　　　　　　　演習問題 224

付録　Arduino 基板の利用 225

索　引 227

序章　この本について

0.1　はじめに

　コンピュータ技術が社会の隅々まで浸透し，身の回りの至るところにコンピュータチップが組み込まれる時代となった．コンピュータ機器の普及に伴い，これらを開発しプログラムを組み込むスキルを持った技術者の不足が叫ばれるようになって久しい．

　組込み開発はハードウェアとソフトウェアにまたがる業務であり，その境界領域に生じる課題には高度の技能を持つ技術者が必要とされる．しかしながら開発を担う多くの中小企業では人材育成に十分な時間をかける余裕がない．大学など教育機関でのカリキュラム充実への期待が高まっている．

　組込み開発に携わる技術者には広範囲の技術と知識が必要とされる．まずはマイコンへのプログラム実装を学び，ハードウェアや工程管理の技術へと理解を深めていくことが望ましい．なかでもプログラミングにおいては組込み特有の実装技術を体系的に学んでおくことが重要である．

　本書は，金沢工業大学で長年にわたり組込み教育に関わった著者らが，その経験から得た知見を整理したものである．小規模のマイコンを徹底的に活用する中で，組込みプログラムの基礎技術を学ぶ内容としている．初学者の独習，高専・大学の演習，および企業研修での利用を想定しつつ，現役の技術者にも有益なヒントを得られるよう構成したものである．

　本書の執筆にあたっては金沢工業大学の中沢実先生，河並崇先生，並びに関東学院大学の石井充先生から貴重なご意見をいただいた．また近代科学社の冨高琢磨氏には本書の完成まで温かく支えて頂いた．この場を借りて深く感謝申し上げる．本書をきっかけに，多くの方が組込み開発に関心を持ちこの分野を将来の選択肢とされるならば，著者らにとっては望外の喜びである．

平成 30 年 3 月　　　　　　　　　　　　　　　　　　　　　　　著者ら記す

0.1.1 本書の構成

本書は3章で構成し，その内容は次のとおりである．

- **第1章**　組込み開発に関する基礎的な知識を扱う．マイコン基板に使われる電子部品の特徴など．
- **第2章**　教材用のAVRマイコン基板を用いて8ビットマイコンのプログラミングの基本を学ぶ．デジタル入出力，ダイナミック点灯，タイマ，割り込み，シリアル通信，AD変換の使い方など．
- **第3章**　組込みプログラミングに用いられる基本的な構造を学ぶ．イベント駆動，ステートマシン，ラダー，マルチタスク，インタプリタ実装など．

0.1.2 本書の使い方

経験者が読まれる場合

Arduinoを使った製作に慣れている方は第2，第3章を，業務での開発経験がある方は第3章を中心に読まれるとよい．第3章は，PICやARMなど他のマイコンに移植しながら学ぶのもよい．

初学者向けテキストとして使用する場合

前提としてC，C++，C#，Javaなどのプログラミング経験が必要である．工業高校や高等専門学校，大学専門課程での演習，企業研修においては，第1章と第2章を中心に学ばれるとよい．

(参考)

　金沢工業大学の情報工学科では，90分×16回の実験・演習および同程度の自習時間の中でマイコンプログラミングを実施している．課程の最後には自由課題として任意の作品を設計し実装させており，設計した仕様に沿って実装することや，仕様書・ソースコードの可読性などを評価項目としている．

回	学ぶ内容	節
1	電子回路とマイコンの基礎	1.1
2	開発環境	1.2
3,4	デジタル出力の基礎（LED，ブザー）	2.1
5	デジタル出力（マトリクスLED），デジタル入力（スイッチ）	2.2
6	割り込み処理の概要	2.3
7	ピン変化割り込み	2.4
8,9	タイマの基礎，タイマ割り込み	2.5
10	コンペアマッチ出力	2.6
11	シリアル通信	2.7
12	アナログ入力（ADCの利用）	2.8
13	フレームワークの利用	2.9
14,15,(16)	自由課題	—

0.1.3　サポートサイト

本書掲載のプログラム，追加の情報などは次のサイトから入手できる．
　http://www.recursion.jp/book/emb88/

1 基礎知識

本章ではマイコンのプログラム開発で知っておきたいソフトウェアとハードウェアに関する知識を説明する．

1.1 組込み機器の構成

1.1.1 組込み機器

組込み機器とは，特定の機能を実現するために機械や機器に組み込まれるコンピュータシステムであり，家電製品をはじめ，医療機器，産業用の制御機器などがある（図 1.1）．

特定の目的のために用途を限定して作られており，キーボードやディスプレイ以外のインタフェースを備えるものが多い．さまざまな用途に使われるパソコンや，大規模なデータ処理に特化して設置されるコンピュータは含まれない．コンピュータ部分は装置に組み込まれるため目立たないが，例えば自動車には数十個のコンピュータチップが搭載されている．数のうえでは世の中のコンピュータ機器のほとんどすべてが組込み機器であると言ってもよい．

組込み機器にはマイクロコントローラと呼ばれるコンピュータ部品と周辺回路を統合した電子基板が内蔵され，機器内外のデバイスと接続されている．これらは周囲の情報を収集するセンサ，機器の動作を制御する機構部品，あるいは機器

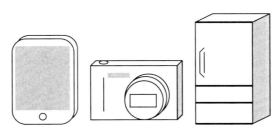

図 1.1: さまざまな組込み機器

操作のための表示器などであるが，こうしたデバイス自身にマイクロコントローラが組み込まれていることも珍しくない．

1.1.2 マイクロコントローラ

マイクロコントローラ（マイコン）とは，組込み機器のために作られた超小型のコンピュータ[1]である（図 1.2）．米粒大のものから数センチ角のものまであるが，いずれも単一の集積回路の中に CPU とメモリ，周辺機能を一体化している．用途に応じた性能や機能が選べるよう，各社から多数の品種が供給されている．プログラムは出荷前に書き込まれるが，機能強化や不具合修正などで出荷後に更新する場合もある．

それぞれの組込み機器には，その用途に必要十分な性能を備えたマイクロコントローラが搭載される．その多くは汎用コンピュータに比べ性能が著しく低く，価格も量産ロットでの単価は数十〜数百円程度である．搭載メモリは数 K〜数十 KB のものが多く，動作クロックも高くても数十 MHz である[2]．

マイクロコントローラは内蔵されたプログラムにより外部インタフェースを制御する．センサが収集した情報，ユーザの操作，あるいは通信機能を介して外部より送り込まれるコマンドをもとに演算処理を行い，接続された制御機構や表示デバイスに信号を送る．用途と接続デバイスに応じて，アナログ値の入出力機能や複雑な制御信号を生成する回路を備えるものが選ばれる．

1.1.3 マイコン搭載の回路基板

組込み機器の開発では，まず必要とされる機能・性能を実現できるマイコンを選定し，このチップを搭載する評価基板を入手する（図 1.3）．これに主要なデバイスを接続してプログラミングし，必要な性能が得られるか確認してから実際の回路設計に入る．評価基板が入手できないときは，試作基板を製作する．

評価基板にはマイコンだけでなく，PC からマイコンへのプログラム書き込み

[1] あらかじめ記録された手順にしたがって周辺装置から情報を取得し，数値演算して周辺装置を制御するデジタル論理回路．

[2] PC であれば CPU 単価は数万円，メモリは数 GB，クロックは数 GHz．

[3] 「Microchip 社，http://www.microchip.com/」「Raspberry Pi, http://www.raspberrypi.org/」

図 1.2: マイクロコントローラ（Microchip 社製）と回路基板 (Raspberry Pi)[3]

やデバッグを行うための回路と，スイッチ，LED などの基本的な入出力デバイスを搭載したものが多い．これだけで基礎的なプログラミングの勉強を行うこともできる．

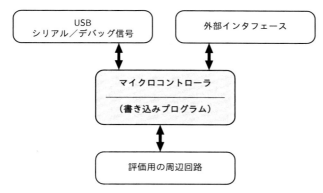

図 1.3: 評価基板の構成

本書では，AVR の名称で知られる 8 ビットマイコンを用いて設計した独自の教材用基板を用いる．評価基板に相当する回路に加え，組込みに使われるさまざまなプログラミング技術を学ぶためのデバイスが搭載されている．

なお，AVR マイコンでは Arduino という学習用の基板モデルが普及している．これはマイコンとともに，PC から USB 経由でプログラムを書き込む回路とファームウェアが実装されているもので，いくつかのタイプが市販されている．Arduino Nano というモジュールを本書の教材基板と同じ周辺デバイスを搭載した基板に装着すれば，本書プログラムの大半を試すことができる．図 1.4 にモジュールと外観を示す[4]．

[4] 回路等の詳細は付録を参照せよ．

図 1.4: Arduino モジュールと教材用周辺回路 (Recursion 社製 ARD-328)[5]

[5]「Arduino, http://www.arduino.cc」「Recursion Co., Ltd., http://www.recursion.jp/」，ARD-328 については付録 A を参照．

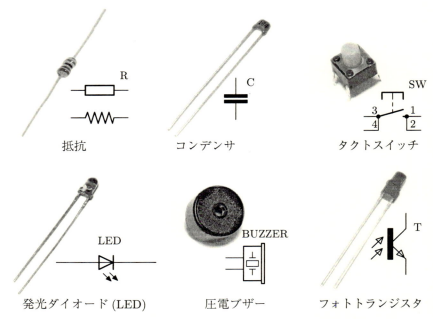

図 1.5: マイコン回路に使われる最も基本的なデバイスとその回路記号

1.1.4 電子回路の基礎

　組込み機器の開発には，コンピュータのプログラミングに加え，周辺の回路設計のための電子工学，制御機構を駆動するための機械工学などの広範囲の技術が必要とされる．マイコンのプログミングに限っても，マイコン周辺にデバイスがどのように接続されているかを正確に理解することが必須となる．ここではマイコン回路に使われる最も基本的なデバイスについて簡単に解説する（図 1.5）．

抵抗　電流を制限する素子である．誤差を考慮し等比級数に基づいた系列の値が用意されている．カーボン抵抗（炭素被膜抵抗）では 10%，金属皮膜抵抗では 1% の誤差が一般的である．抵抗値はリード部品ではカラーコードで，表面実装部品では数値で表記される．電流を流せば発熱するので，電力消費を計算して余裕のある（倍以上の）定格電力の抵抗を用いる．

コンデンサ　高周波成分を通過させる特性を持つ．デジタル回路では配線路に生じる雑音を低減させるバイパス・コンデンサ（パスコン）として使われることが多い．電源ライン，信号ラインの要所に $0.1\,\mu\mathrm{F}$ 程度の積層セラミック

コンデンサが配置される．配置位置や容量値の正確な導出は難しいため，経験的に設置されることも多い．電源部など大容量が必要なところでは電解コンデンサが使われる．定格電圧，経年劣化などに注意を要する．

スイッチ　スイッチは金属接点により電流路を開閉する．押して接続するものの他，接続接点が切り替わるものなどがある．この状態は，抵抗によるプルアップまたはプルダウンにより電圧の有無としてマイコンで読み取ることができる（図 1.6）．接続形態としてはプルアップ抵抗を用いることが多い．金属接点のスイッチでは，接点接続・遮断の瞬間に接触が数回バタつく現象（チャタリング）が見られる．これは数十 μ～数十 m 秒の短い間に発生するものであるが，高速なマイコン処理においてはスイッチ操作を複数カウントするなど誤作動の要因となる．接点部にコンデンサを入れて吸収する対策が効果的であるが，ソフトウェアで回避することも可能である[6]．

[6] 第 2 章で詳述する．

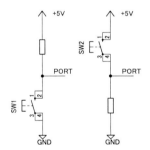

図 1.6: スイッチの接続回路

発光ダイオード　電流を一方向にのみ流す半導体素子（ダイオード）を発光する構造としたもの．赤外から紫外までの発光色が得られる．一般に波長が短くなるほど降下電圧が大きくなる．赤外 1.2 V～赤 1.6 V～緑 2.0 V～青 3.5 V～程度であるが，青を波長変換樹脂で緑，白などにしたものは青同様の降下電圧となる．照明用は数十 mA 流して使うが，一般の表示用であれば 10 mA 程度で十分である．1 mA 前後で十分な光量が得られる高輝度，超高輝度タイプも普及している．必要な明るさを得るのに必要な電流，駆動電圧，および降下電圧から電流制限抵抗の値を計算する．

マイコンの出力ポートへの接続形態には図 1.7 の 4 種が考えられる．LED を基板外に引き回すとき，配線や端子の短絡や電源ラインへの人体接触の危険性，マイコンのピンが外部露出し故障する可能性などを勘案すると，出力

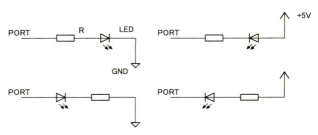

図 1.7: 発光ダイオードの接続

ピンに抵抗を介しての正論理駆動が無難である[7]．スイッチについても同様に，保安上の配慮が求められる．

圧電ブザー　圧電サウンダ，圧電スピーカーとも呼ばれる．セラミック振動子に加える電圧を変化させることにより生じる歪（ひずみ）で空気を振動させる．マイコンの出力ポートに矩形波を出力すれば鳴動する．マイコンピンとの間には 1～2 kΩ の抵抗を入れることにより，圧電素子の共振時や誤って高周波パルスを出力したときにマイコン側を保護する（図 1.8）[8]．

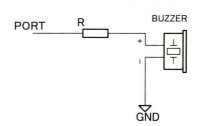

図 1.8: 圧電ブザーの接続

フォトトランジスタ　トランジスタのベースに外光を当て，PN 接合部分に生じる僅かな起電力をコレクタ・エミッタ間の大きな電流変化として取り出すことにより，可視光域や赤外域の照度センサとして働く．抵抗によるプルアップ，プルダウンによりアナログの電圧変化が得られる．マイコンに内蔵されるアナログ―デジタル変換機能に対応するポートに接続する（図 1.9）．

デジタル入出力　マイコンをはじめとした昨今のデジタル論理回路の多くは，P, N チャネルの酸化膜半導体による FET を直列接続した CMOS 構造で入出力部分が構成されている．入力においては高い入力インピーダンス（前段回路の負担が少ない）に加え，電源電圧の 1/2 を閾値として雑音余裕のある判定が行えること，出力においては H レベルでの掃き出し電流と L レベ

[7] 論理回路が CMOS 構造の場合である．TTL などでは出力側は負論理駆動することが多い．

[8] 出力音の高調波を減衰させる効果もある．

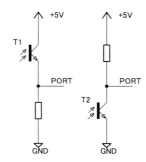

図 1.9: フォトトランジスタの接続

ルでの吸い込み電流がほぼ同程度に得られること，などの特長がある（図 1.10）．出力電流はピン単位，チップ全体での最大定格に注意する[9]．モーター，リレー，マグネットスピーカー，照明用 LED など数十 mA 以上の駆動電流を要するものは，必ずトランジスタやドライバ用 IC を介して接続する．

これまでは電源電圧として 5 V を使うことが多かったが，上位のマイコンでは 3.3 V が一般化しつつあり，3.3 V 動作の外部デバイスも増えている．回路設計の際には電源電圧を統一するか混在させるかの検討が必要となる．

[9] データシートを以下で探し確認せよ．
http://www.microch-ip.com/
http://avr.jp/

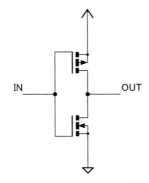

図 1.10: デジタル入出力の回路構造

演習問題

1. 組込み機器の最も小さなものと大きなものを挙げよ．
2. 携帯電話（スマートフォン）は組込み機器と言えるか説明せよ．
3. 初期のマイクロコントローラについて調べよ．
4. 抵抗のカラーコードの読み方を覚えよ．
5. カラーコードが（黄紫赤金），（橙橙黒茶茶）の抵抗値と誤差を示せ．

6. 抵抗（表面実装用）やコンデンサの数値表記の読み方を調べよ．
7. 104 と表記されたコンデンサの容量値を示せ．
8. 実際に LED を点灯させて降下電圧を測定せよ．

1.2　AVR マイコンのプログラム開発

1.2.1　ATmega88PA マイコン

本書では米 ATMEL[10]社製 AVR マイコン (ATmega88PA) のプログラミングを行う．このマイコンの基本仕様は次のとおりである．

[10] 現 Microchip Technology

- 8 ビット CPU．131 命令（乗算命令あり）．1 クロックサイクルで 1 命令を実行．
- 動作電圧は 2.7 〜 5.5 V．
- 8 MHz の CR 発振器内蔵（外部発振器により最大 20 MHz で動作）．
- メモリは，8 KB のプログラム用フラッシュ ROM，プログラム実行時に使用する 1 KB の RAM，プログラム実行時に書き換え可能な 512 B の EEPROM，3 種で構成．
- 入出力のための 23 本の I/O ピン．I/O ピンは 3 つのグループに分けて，ポート B/C/D という 3 つの**パラレルポート**として扱う（つまり，ポート単位で読み書きする）．ポート B とポート D はともに 8 ピン（8 ビット），ポート C は 7 ピン（7 ビット）構成である（図 1.11）．
- ピンの機能を切り替えることで，10 ビットのアナログ・デジタル変換，USART・I2C・SPI などの**シリアル通信**が可能（本書では，断りのない限りシリアル通信は USART のことを指すものとする）．複数の機能が付いているピンのことを**マルチファンクションピン**といい，マイコンではピンの本数の節約のために，そうなっていることが多い．
- コンペアマッチ出力機能付き**タイマ・カウンタ**（以降，単に**タイマ**と書く）を 3 個内蔵．

マイコンはプログラムによって外部デバイスを制御するための装置なので，何らかの外部デバイスが必要である．本書では ATmega88PA を搭載する Recursion 社製 EMB-88 マイコンボードを使ってその制御を行う．**マイコンボード**と

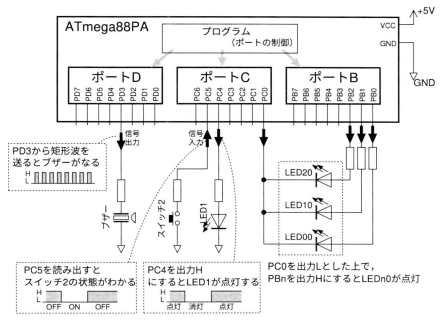

図 1.11: ポートの入出力

はマイコンに外部機器をあらかじめ接続してある基板のことである．マイコンに接続する機器を変更することはできないが，その代わりに外部デバイスの電気的な特性を考慮して配置・配線がなされているので手軽に開発を行うことができる．**マイコンボードを使う場合にはどのピンにどのような外部デバイスが接続されているかを十分に把握することが重要**である．

1.2.2 AVR マイコンボード EMB-88

1.2.2.1 EMB-88 の特徴

Recursion 社製のマイコンボード EMB-88 の外観を図 1.12 に示す．EMB-88 の特徴は次のとおりである．

- ATmega88PA-PU マイコンを搭載．これは 28 ピン DIP になった ATmega88PA で，ブレッドボードなどでも使用できるパッケージである．
- システムクロックは 8 MHz（AVR マイコン内蔵の CR 発振器を使用）．
- LED，マトリクス LED，スイッチ，ブザー，光センサを搭載しており，デ

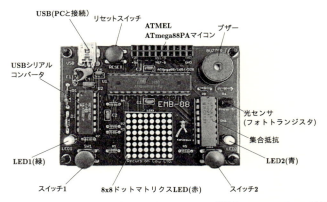

図 1.12: AVR マイコンボード（Recursion 社製 EMB-88）の外観

ジタル入出力，ダイナミック点灯，タイマ，PWM，ADC，シリアル通信などの学習用機材として利用できる．

- EMB-88 上のマイコンには，あらかじめ Recursion 製 **HEX ファイルダウンローダ**が書き込まれており，EMB-88 を PC に USB 接続して **HEX ファイル**[11]をアップロードするだけで，フラッシュ ROM 上のプログラムを書き換えることができる[12]．

1.2.2.2　EMB-88 における AVR マイコンと PC のシリアル通信の仕組み

EMB-88 を PC に USB ケーブルで接続すると，EMB-88 上の USB シリアルコンバータが**シリアルポート**として認識される．ATmega88PA マイコンは，そのシリアルポートに対して接続されている状態となる（図 1.13）．

PC からは**シリアルターミナル**[13]で，(1) プログラムを書き換えたり，(2) 書き込んだユーザプログラムと対話ができる．

1.2.2.3　EMB-88 の仕様

EMB-88 上の ATmega88PA マイコンと外部デバイスとの接続関係を図 1.14 にまとめた．また，実際の回路図を図 1.15 に示す．マイコンボードでは外部デバイスが配線済みであるため，それに合わせてマイコンの各ピンの入出力方向が決まってしまうことに注意する．

以下，EMB-88 使用時の注意点をまとめておく．

---

[11] HEX ファイルはマイコン内蔵のフラッシュ ROM に書き込むための ROM イメージ．プログラムメモリのどの番地にどんなデータを書き込むかが記載されたテキストファイルである．

[12] ATmega88PA の 8 KB フラッシュ ROM のうち，後ろ 1 KB 部分は HEX ファイルダウンローダで使用しているため，ユーザプログラムとして使えるのは実際には 7 KB までである．

[13] シリアルターミナルは，PC のモニタとキーボードを使って**シリアルポート**に接続された外部シリアルデバイスと対話するためのソフトウェア．

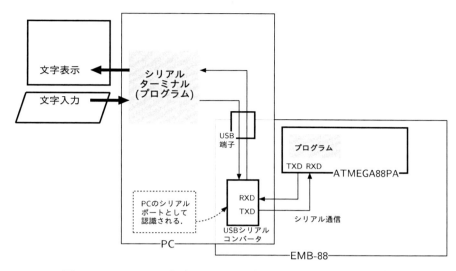

図 1.13: EMB-88 における AVR マイコンと PC のシリアル通信

- PD2 ピンは出力モードにして，出力電圧 Low に固定しておくこと．USB シリアルコンバータは PD2 出力に応じてシリアル通信をブロックするので，ATmega88PA が PC とシリアル通信ができなくなる．
- EMB-88 ボードはマイコンが正しくない使い方をされた場合でも，PC にダメージを与えることがないようにショットキーバリアダイオード（図 1.15 の D1）とポリスイッチ（図 1.15 の F1）が接続されている．この影響で AVR マイコン（図 1.15 の U1）の電源電圧は USB 電圧の 5 V より低い状態になる．まず，D1 の影響により 0.3 V 程度の電圧が低下する．加えて，マトリクス LED を使うなどして，マイコンボードに電流が多く流れるようになると，F1 の影響で更に 0.3 V 程度電圧が低下する．したがって，AVR マイコンにかかる電圧は 4.4 V から 4.7 V 程度である．
- LED1 はスイッチ 1 が押されていると発光しない．
- LED2 はスイッチ 2 が押されていると発光しない．また，スイッチ 2 が押されていない場合でも，LED2 は周囲が暗いと発光が弱くなる．フォトトランジスタ（図 1.15 の T1）に入る光の量が減少すると，LED2 に電流が流れにくくなるためである．

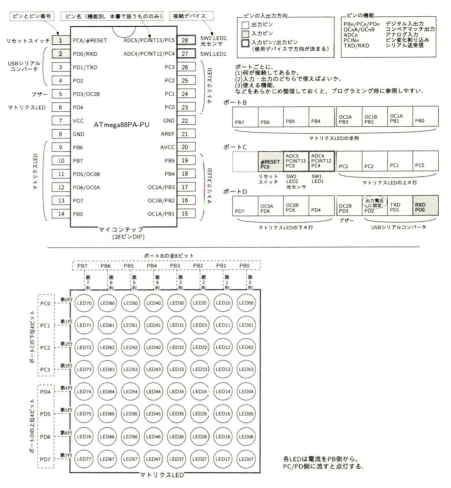

図 1.14: EMB-88 上の ATmega88PA マイコンと外部デバイスとの接続関係

1.2.2.4 ATmega88PA マイコンのプログラムを書き換える方法

EMB-88 マイコンボード上の ATmega88PA マイコンのプログラムを書き換える方法について説明する（図 1.16）.

1. 書き換えには，**(1) 書き込みたいマイコン用プログラム（HEX ファイル形式）**と，**(2) シリアルターミナル**，**を PC 側に用意する**．マイコン用プログラムは AVR マイコン用の開発ツールで作ることができる（第 1.2.3 節参照）．

2. USB ケーブルで EMB-88 と PC を接続し，しばらく待つ（10 秒程度）と

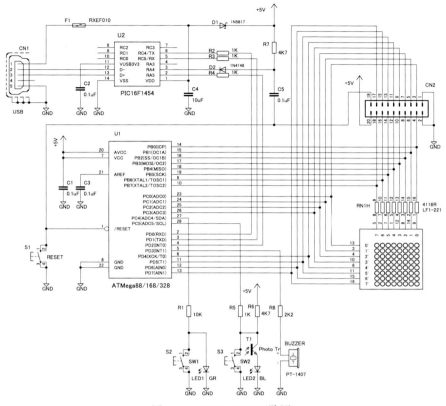

図 1.15: EMB-88 の回路図

EMB-88 上の USB シリアルコンバータが新しいシリアルポートとして認識される．使用する OS によって認識されたシリアルポート名は異なっており，例えば Windows では `COM#`，Linux では `/dev/ttyACM#` となる（#は番号）．なお，USB 接続した時点で，前に書き込んだプログラムがスタートするが，書き換えてしまうので気にする必要はない．

3. PC でシリアルターミナルを起動し，新しく現れたシリアルポートを**ボーレート 38400 bps，データ 8 ビット，パリティなし，ストップビット 1 個**に設定する（以降，この設定を簡単に **38400 8N1** と書く）．

4. 次のどちらかの操作を行って，EMB-88 上の HEX ファイルダウンローダを呼び出す．

   - マイコンのスイッチ 1 を押しながらリセットを押し，続いてリセット，スイッチ 1 の順に指を離す．

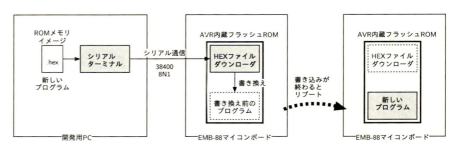

図 1.16: EMB-88 マイコンボードにおける HEX ファイルのダウンロード

- シリアルターミナルなどでシリアル通信の DTR 信号を OFF にしてから，再び ON にする（これを **DTR リセット**と言う[14]）．

HEX ファイルダウンローダが呼び出されるとシリアルターミナルには "=" が表示される．これはマイコンが，PC から HEX ファイルがアップロードされるのを待っている状態を示している[15]．

5. シリアルターミナルなどから，HEX ファイルの内容をペーストする[16]．**書き換え中は，シリアルターミナルには "o" が表示される**．
6. フラッシュ ROM の書き換えが完了すると，マイコンがリブートし新しく書き込まれたプログラムがスタートする．
7. マイコンの動作を確認する．もし，問題があるようであればプログラムを修正して，ステップ 4 からやり直す．

1.2.3　AVR マイコンの C プログラム開発環境の概要

AVR マイコンのプログラムは PC で開発される．PC を使って，マイコンなど他の CPU 向けのプログラムを開発することを**クロス開発**と言う．Microchip 社が提供する AtmelStudio は，同社の AVR マイコンのプログラムを Windows でクロス開発するための統合環境である（図 1.17）．AtmelStudio は，Linux や macOS では動作しないが，内部では **GNU ツールチェーン**を使用しているので，Linux や macOS でも AVR マイコンの開発を行うことが可能である．GNU ツールチェーンとは，GNU[17] によって開発されるコンパイラ，アセンブラ，リンカなどをまとめた呼称である．

以下では，GNU ツールチェーンの各コマンドを直接呼び出してプログラムを作る方法を紹介する[18]．

図 1.18 は AVR マイコンのプログラム開発の流れを示したものである．C ソー

---

[14] DTR リセットを使うと，マイコンボードに触れる手間が省けるが，DTR リセットのしかたは OS 環境やシリアルターミナルによって異なるので注意する．

[15] この状態で，文字 "/" をシリアル送信すると，HEX ファイルダウンローダが終了しマイコンがリスタートされる．

[16] ドラッグ&ドロップ (DnD) に対応した GUI のシリアルターミナルを使っている場合は，HEX ファイルを DnD するだけで書き換えが始まるので楽である．

[17] GNU Binutils, https://www.gnu.org/software/binutils/

[18] 開発環境のセットアップ方法は，OS や開発環境のバージョンアップなどで変わることもよくあるので，本書の中では直接扱わず，代わりにサポートサイトで情報提供する．

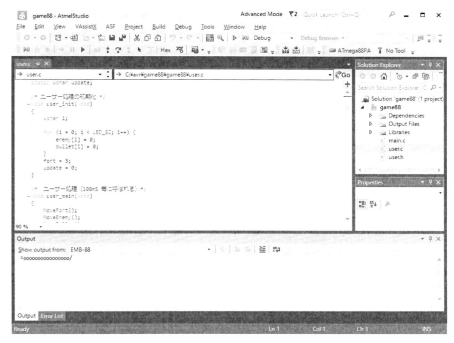

図 1.17: Microchip 社が提供する AVR マイコン向け統合開発環境 AtmelStudio

スプログラムを入力として，ビルドの途中で中間ファイルが複数出力されるが，実行に必要なのは HEX ファイルだけである．以下，各ツールについて簡単に説明しておく．

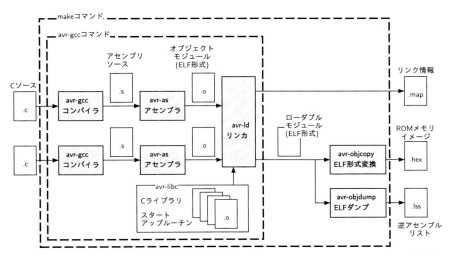

図 1.18: AVR マイコンのプログラム開発の流れ（C ソースから HEX ファイルの生成）

avr-gcc　AVR マイコン用クロスコンパイラ[19]．AVR 用に書かれた C ファイルを変換し，アセンブリソース（拡張子 .s のテキストファイル）を生成するために使用する．gcc はアセンブリコードを生成するだけでなく，アセンブラやリンカを続けて呼び出すこともできる．

avr-as　AVR マイコン用クロスアセンブラ[20]．AVR 用アセンブリソースをマシンコードに直し，オブジェクトモジュール（拡張子 .o）に変換するために使用する．出力ファイル形式は ELF[21] である．オブジェクトモジュールは，マシンコードやシンボル情報（関数名や静的変数名）が含まれたバイナリファイルである．個々のオブジェクトモジュールにはマシンコードが含まれるが，それらのメモリ配置が未決定なので次のリンク作業を終えるまでは実行することはできない．

avr-ld　AVR マイコン用クロスリンカ．ユーザが作成したオブジェクトモジュール，C ライブラリとスタートアップルーチン（avr-libc[22]），を統合して，ELF 形式のローダブルモジュールを生成するために使用する．ローダブルモジュールは**実行可能モジュール**とも呼ばれ，マシンコードやシンボル情報（関数名や静的変数名）が含まれたバイナリファイルである．実行可能モジュールはメモリにロードすれば実行できる形式である．また，リンク結果はマップファイル（拡張子 .map のテキストファイル）にレポートとして出力させることもできる．

avr-objcopy　ELF 形式のローダブルモジュールから ROM メモリイメージをインテル HEX 形式（拡張子 .hex のテキストファイル）で取り出すために使用する．HEX ファイルをマイコンのフラッシュ ROM に書き込むことでユーザプログラムを実際に走らせることができる．

avr-objdump　ELF をダンプするツールで，逆アセンブルする機能もある．逆アセンブルとは，マシンコードからアセンブリコードに変換することを言う．逆アセンブル結果を見ることで，コンパイラの最適化に問題がなかったか確認できる．

make　ビルド作業を自動化するツール．上記の各ツールを必要な順番に呼び出したり，更新のあったソースプログラムだけをコンパイルし直す機能があ

---

[19] gcc は多くの CPU に対応したコンパイラで，GNU によって開発されている．GCC, the GNU Compiler Collection, `https://gcc.gnu.org/`

[20] as をはじめ，ld, objcopy, objdump などは，GNU が開発しているオープンソースのバイナリツールセット binutils の一部で，多くの CPU に対応している．

[21] ELF(Executable and Linkable Format) は Linux でも使用されているオブジェクトファイル形式．

[22] Standard C library for AVR-GCC, `http://www.nongnu.org/avr-libc/user-manual/index.html`

る．開発者が Makefile[23]というファイルにビルドのルールを記述しておけ
ば，make コマンドを呼び出すだけで，ビルド作業が行えるようになる．

[23] 統合開発環境によっては Makefile を出力する機能もあり，それを使えばコマンドラインでビルドすることもできるようになる．

1.2.4 AVR マイコンのプログラム例，プログラミング時の留意事項

次に実際のプログラムを紹介する．リスト 1.1 は，ブザーを鳴らしながら，一定時間ごとにマトリクス LED の点灯列を切り替えていくプログラムである．点灯方向は，スイッチ 1/2 で切り替えることもできるようになっている．

リスト 1.1 を例えば `test.c` という名前で保存し，開発用 PC で次の 2 つのコマンドを順番に実行すれば `test.hex` が得られる[24]．

1. `avr-gcc test.c -o test.elf -mmcu=atmega88pa -DF_CPU=8000000UL -Os -funsigned-char` ⏎
2. `avr-objcopy -j .text -j .data -O ihex test.elf test.hex` ⏎

[24] できれば HEX ファイルの中身を見ておくとよい．

あとは，第 1.2.2.4 節に述べた方法で書き込めば動作する．

さて，マイコンのプログラムを初めて見た読者は，PC 用の C プログラムとは随分違うと思ったかもしれない．マイコンのプログラムは C コードレベルでもマイコンに特化した記述になるため，移植性がかなり低いものになる．他にもいろいろ留意すべきことがあるので，リスト 1.1 を引き合いにして，プログラミング時のポイントについて簡単に述べる．

リスト 1.1: LED の点灯列の切り替え

```c
#include <avr/io.h>   // レジスタ名や，レジスタのビット名の定義
#include <avr/wdt.h>  // ウォッチドッグタイマ
#include <avr/interrupt.h> // 割り込み

volatile unsigned char move_left = 1; // 1:左循環シフト，0:右循環シフト

ISR(TIMER1_COMPA_vect) // 50ms ごとにタイマ割り込み
{
    unsigned char sw;

    //スイッチの状態に応じて，循環シフトの方向を切り替える
    sw = (~PINC >> 4) & 3;
    if (sw == 1) {
        move_left = 1;
    }
    if (sw == 2) {
        move_left = 0;
    }

    // ブザー
    TCCR2A ^= 0x10; // コンペアマッチ出力のON/OFF
```

```
22      // マトリクスLEDの表示更新，音程の変更
23      if (move_left) {
24          PORTB = (PORTB << 1) | ((PORTB >> 7) & 1);
25          OCR2A++;
26      }
27      else {
28          PORTB = (PORTB >> 1) | ((PORTB & 1) << 7);
29          OCR2A--;
30      }
31  }
32
33  int main()
34  {
35      // ポートB,C,Dの入出力方向を設定する
36      DDRB = 0xFF;
37      DDRC = 0x0F;
38      DDRD = 0xFE;
39
40      // ポートB,C,Dごとの出力値やプルアップの設定
41      PORTB = 0x07;
42      PORTC = 0x30;
43      PORTD = 0x00;
44
45      // タイマ2の設定 (音程)
46      TCNT2 = 0;
47      OCR2A = 150;
48      TCCR2A = 0x12;
49      TCCR2B = 0x04;
50
51      // タイマ1の設定
52      TCNT1 = 0;
53      OCR1A = 390;
54      TCCR1A = 0x00;
55      TCCR1B = 0x0D;
56      TIMSK1 = _BV(OCIE1A); // タイマ割り込み有効化
57
58      sei(); // システム全体の割り込み許可
59
60      for (;;) { // イベントループ
61          wdt_reset(); // ウォッチドッグタイマのクリア
62      }
63      return 0;
64  }
```

1.2.4.1 特殊機能レジスタの使い方をデータシートで確認すること

マイコンには内蔵機能を呼び出すための**特殊機能レジスタ** (SFR)[25]があり，プログラムの各所でその読み書きを行っている．以降，断りのない限り**レジスタ**と書く．例えば，リスト1.1で操作しているレジスタは，ポート制御のためのDDRB/C/D，PORTB/C/D，PINC，タイマ機能のためのTCNT1，OCR1A，TCCR1A/B，TIMSK1の11本である．これらのレジスタの詳細はマイコンメーカーが提供している**データシート**で確認することが重要である．マイコンのデータシートは，電気的特性，機能，レジスタの設定方法などが数百ページに

[25] SFR:Special Function Register. 汎用レジスタではなく，ハードウェア制御のためのレジスタである．

渡って英文で記載されている．本書でもレジスタの機能とその設定方法は説明しているが，わかりやすさを優先するために省略している部分も多いので，本書と併せてデータシートも読むようにしてほしい．

1.2.4.2　ATmega88PA マイコン用のヘッダファイルとマクロ

以下の 3 つのヘッダファイルはよく使う．

① **avr/io.h**

　ATmega88PA のレジスタ名や，レジスタのビット名をプログラム中で使えるようにするためのヘッダファイル．実際には ATmega88PA の情報は avr/iom88pa.h に書かれているが，これはコンパイルオプション -mmcu=atmega88pa を指定することで，avr/io.h の中から自動的にインクルードされる．

② **avr/wdt.h**

　ウォッチドッグタイマ利用時にインクルードするファイル．

| wdt_reset() | ウォッチドッグタイマをリセットする． |

③ **avr/interrupt.h**

　割り込み利用時にインクルードするファイル．

| sei() | システムとして割り込みを許可する（割り込みハンドラを呼び出すようになる）． |
| cli() | システムとして割り込みを許可しない（割り込みハンドラを呼ばなくなる）． |

　割り込みハンドラ[26]は ISR（**割り込みベクタ**）という名前[27]で各自定義する．例えば，タイマ 1 のコンペマッチ割り込み A が起きたときの挙動を定めるには，`ISR(TIMER1_COMPA_vect)` というブロックを記述すればよい．

[26] 割り込みハンドラとは割り込みが起きたときに自動的に実行されるルーチンのことである．割り込みハンドラを定義することで，割り込みが起きたときの動作を定めることができる．

[27] ISR: Interrupt Service Routine

また，次の2つの**マクロ**もよく使う．

① `F_CPU`

マイコンのシステムクロック周波数を表し，コンパイル時に正しく設定する必要がある．EMB-88マイコンボードではマイコンチップ内蔵の8 MHzのCR発振器を使うため，コンパイラオプションに定数マクロとして`F_CPU=8000000UL`を設定すればよい．

② `_BV(ビット番号またはビット名)`

ビット番号を与えると，その位置を "1" にしたバイトコードを生成するマクロ．例えば，`_BV(0)` → `0x01`, `_BV(1)` → `0x02`, `_BV(4)` → `0x10` `_BV(7)` → `0x80` となる．また，レジスタのビット名を与えてよく，例えば`TIMSK1 |= _BV(OCIE1A);` と書くと，TIMSK1 レジスタの OCIE1A ビットをセットすることができ，`TIMSK1 &= ~_BV(OCIE1A);` と書けばクリアできる．実際には，`OCIE1A` は 1 としてマクロ定義されているので，`_BV(OCIE1A)` と `_BV(1)` は同じである．

1.2.4.3 ポート制御はマイコンプログラミングの基本

プログラムからポート制御用のレジスタを読み書きすることで，マイコンに接続したデバイスの制御を行うことができる．図1.19は，リスト1.1を実行したときのある時点での状態を表したものである．

簡単に言うとDDRB/C/Dでピンごとの入出力方向を設定したあとは，PORTB/C/Dで出力電圧を切り替えたり，PINB/C/Dで入力電圧を読み取ることができる．

1.2.4.4 C言語におけるビット演算子の使い方を理解しておくこと

リスト1.1（23ページ参照）で見られるように，マイコンのプログラムでは**ビット演算子** (`~`, `&`, `|`, `^`, `<<`, `>>`と`&=`, `|=`, `~=`, `^=`, `<<=`, `>>=`) を多用してレジスタを操作する．このためビット演算子に慣れておくことが必要である．

1.2.4.5 main()は無限ループ化すること

マイコンのプログラムでは main() の中で**無限ループ**を設けてプログラムがmain() から抜けないようにする[28]．この無限ループはイベントの発生をポーリングで検知するためにも使う．その場合は**イベントループ**とも呼ばれる．

[28] avr-gccでは，main()で`return`すると何もしない無限ループに突入する．このため，いずれウォッチドッグタイマがオーバーフローして，マイコンがリセットされる．

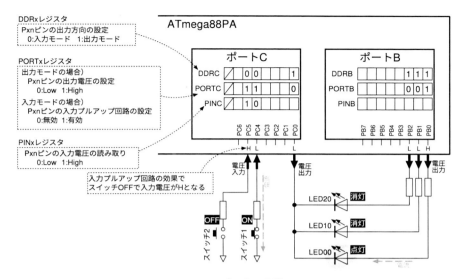

図 1.19: ポートの制御

1.2.4.6 ウォッチドッグタイマを定期的にリセットすること

マイコンには故障や電磁障害などによるプログラムの暴走を検出すると，自動的にリセットする機能が備わっている．具体的には，**ウォッチドッグタイマ**（**番犬タイマ，WDT**）と呼ばれるカウンタが内蔵されており，マイコンにクロックが入力されるごとにインクリメントし，WDT がオーバーフローするとマイコンを強制的にリセットされる仕組みになっている（図 1.20）．通常，ユーザプログラムにはところどころに WDT をクリアするコードを書き込み，マイコンがリセットされるのを防ぐようにする必要がある．avr-gcc の場合 C では `wdt_reset()` という手続きを呼び出せばよい．このようにしておけば，何らかの理由でプログラムが暴走すると WDT がクリアされなくなるので，しばらくすると WDT があふれマイコンが自動的にリセットされる．

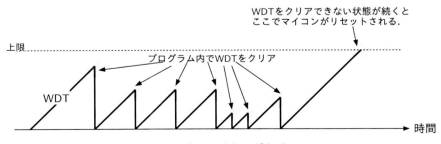

図 1.20: ウォッチドッグタイマ

1.2.4.7 時間的な処理はタイマ機能を使うこと

マイコンには**タイマ回路**が複数個内蔵されており，これを使うことで経過時間を計測することができる．他にも，カウンタが比較値に到達した時点（**コンペアマッチ**）で割り込む**コンペアマッチ割り込み機能**，指定したタイミングでピン出力を変更する**コンペアマッチ出力機能**がある．ATmega88PA マイコンでは，タイマ 0/1/2 という 3 つのタイマを使うことができる．リスト 1.1 ではタイマ 2 のコンペアマッチ出力機能を利用してブザーを駆動させ，タイマ 1 で 50 ms ごとにコンペアマッチ割り込みにより，スイッチの読み取り，マトリクス LED の点灯列の切り替えなどを行っている．

1.2.4.8 割り込み処理の書き方を理解すること

マイコンでは**割り込み処理**を登録しておけば，割り込みイベントが発生した時点で自動的にその処理が開始されるようになっている．リスト 1.1（21 ページ参照）では `ISR(TIMER1_COMPA_vect)` のブロックはタイマコンペアマッチ割り込み処理を登録している部分である．タイマ割り込み以外にも便利な割り込みがあるので，自分が使う割り込みに合わせて関連するレジスタを設定することが必要である．

1.2.4.9 メモリを節約すること

マイコンに限らず RAM の一部分は**スタック領域**として使用される．スタック領域はローカル変数用のメモリ領域などに使われる．そのため，大きな配列をローカル変数として宣言してしまうと，スタック領域が不足しプログラムが暴走する．特にマイコンでは PC と異なりスタック領域が極めて少ないので，無駄にメモリを使うようなコーディングはしないように注意する．また，コンパイルしてできたプログラムそのものが大きすぎるとプログラム用フラッシュ ROM に書き込めないので注意する．ATmega88 では RAM とフラッシュ ROM はそれぞれ 1 KB と 8 KB しかない．

表 1.1: avr-gcc における変数型とサイズ

型	バイト	範囲
signed char	1	$-128 \sim 127$
unsigned char	1	$0 \sim 255$
int, signed int, signed short	2	$-32768 \sim 32767$
unsigned int, unsigned short	2	$0 \sim 65535$
long, signed long	4	$-2147483648 \sim 2147483647$
unsigned long	4	$0 \sim 4294967295$
double, float	4	(IEEE754)

1.2.4.10 変数の型やサイズを意識すること

特に 8 ビットのマイコンでは変数のサイズに注意が必要である．不必要に long を使うと，ソフトウェアで多バイト演算を行うため処理に時間がかかってしまうので注意する．また，AVR には浮動小数点ユニットがないので，極力 double や float の使用を避ける必要がある．これもコンパイラによって浮動小数点演算をソフトウェア実行する処理が挿入され，コードサイズが膨れ，更に実行に時間がかかる原因となる．avr-gcc における変数型とサイズを表 1.1 に示す．なお，本書では char は unsigned char とする．avr-gcc では，コンパイルオプションとして -funsigned-char を付ければそのように扱われるようになる．

1.2.4.11 コンパイラの最適化に注意すること

プログラムをコンパイルすると最適化が施される．最適化とは，不要な処理・変数を自動的に削ったり，実行の順序を入れ替えたりすることで，メモリの節約や実行速度の向上を図ることである．ただし，最適化はいつもうまくいくわけではなく，場合によってはプログラマが期待したとおりにプログラムが動かなくなる場合がある．このような場合は，変数に volatile を指定する最適化対象としないようにコンパイラに指示することができる[29]．

[29) 本書では，割り込み処理からアクセスされるグローバル変数には，volatile を付けて，最適化対象としないようにコンパイラに指示することとする．

1.2.4.12 周期と周波数，補助単位をしっかり理解すること

周期 [秒] の逆数が**周波数** [Hz] である．周波数は 1 秒間当たりに周期波形が何回繰り返されるかを表している．また，補助単位として，マイクロ μ : 10^{-6}，ミリ m : 10^{-3}，キロ k : 10^3，メガ M : 10^6，はよく理解しておくことが必要であ

る．

演習問題

1. EMB-88 マイコンボードにおいて，LED1/2，スイッチ 1/2 は ATmega88PA マイコンのどのピンに接続されているか答えよ．その際，**デバイス名→Pxn** という形で答えること）．例：ブザー→ PD3
2. 図 1.21（29 ページ）は 8 ビットの変数に対するビット操作を表したものである．図中の白いビットをすべて埋めよ（解答は 30 ページの図 1.22 を参照）．
3. 周波数 8 MHz の信号の周期をマイクロ秒で求めよ．
4. 100 マイクロ秒は，何ミリ秒か．
5. 周期を 2 マイクロ秒とすると，周波数は何 MHz か．

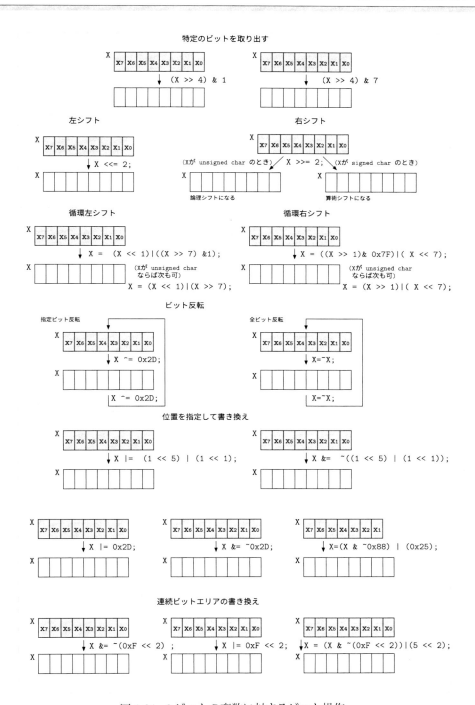

図 1.21: 8 ビットの変数に対するビット操作

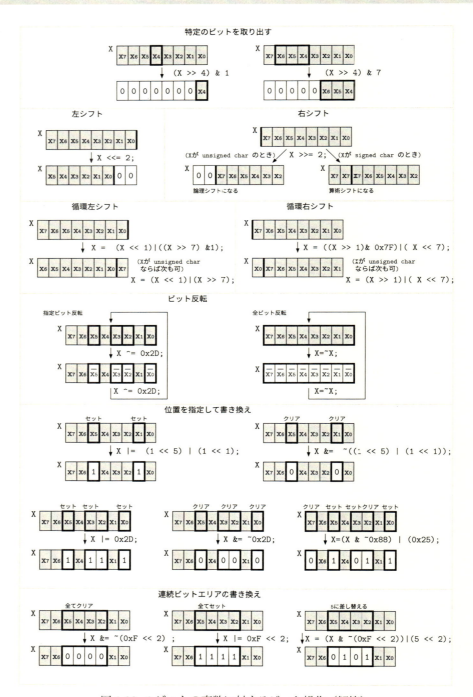

図 1.22: 8 ビットの変数に対するビット操作（解答）

2 組込みプログラミング入門

2.1 GPIO ポートの使い方 1

マイコンにはプログラムで制御できる **GPIO ポート**[1]，あるいは単に**ポート**と呼ばれるパラレルインタフェースがあり，GPIO ポートを通じて外部からの信号を入力したり，外部に信号を出力することができるようになっている．本書で扱う ATmega88 マイコンにはポート B/C/D という 3 つのポートがあり，ポート B/D は 8 ビット，ポート C は 8 ビットで構成されている．ポートの各ビットは，マイコンチップのピンとして引き出されているので，ピンに繋いだデバイスはそのままポートに繋がっていることになる．

ポートを制御するプログラムを作るために知っておかねばならないことは，(1) どのピンにどんなデバイスが接続されているか，(2) そのデバイスに応じて各ピンの入出力方向はどうなるか，(3) ポート制御関係のレジスタの使い方，の 3 つである．

図 2.1 は本書で扱う EMB-88 マイコンボードのデバイスとポートの接続関係を示したものである．スイッチを接続したピンは**入力ピン**として，LED やブザーを接続したピンは**出力ピン**として設定する必要がある．ポートごとの入出力を回路図で十分に確かめたら，次はポートを制御するためのレジスタの設定方法の確認である．

[1] General Purpose Input Output

2.1.1 ポート制御関係のレジスタの設定方法

ATmega88 マイコンのポート x[2]を制御する場合は，DDRx（ポート x データ方向レジスタ），PORTx（ポート x データレジスタ），PINx（ポート x 入力ピンアドレス），の 3 種のレジスタを読み書きする．各レジスタの用途は以下のとおりである．

[2] x は B, C, D のいずれかを表すものとする．

① **DDRx**（ポート x データ方向レジスタ）

ポート x の各ピンの入出力方向を設定するためのレジスタ．このレジスタの n ビット目を "1" にすると Pxn ピンが出力ピンに設定される．また，"0" にすると入力ピンに設定される．

② **PORTx**（ポート x データレジスタ）

ポート x の各ピンの出力電圧やプルアップを設定するためのレジスタ．Pxn が出力ピンの場合，このレジスタの n ビット目を "1" にすると Pxn の出力電圧が High(H) になる．また，"0" にすれば出力電圧が Low(L) になる．Pxn が入力ピンの場合，このレジスタの n ビット目を "1" にすると，内蔵プルアップ回路に接続される．スイッチの状態を読み出すときはプルアップを有効化すること．

③ **PINx**（ポート x 入力ピンアドレス）

ポート x の各ピンの入力電圧を読み取るためのレジスタ．このレジスタの n ビット目の値が "0" であれば，Pxn の入力電圧は L である．また，入力値 "1" であれば入力電圧は H である．

■ **DDRx レジスタ（ピンの入出力方向の設定用）のビット構成**

DDRD ポート D データ方向 レジスタ	DDD7 PD7 の 入出力 方向	DDD6 PD6 の 入出力 方向	DDD5 PD5 の 入出力 方向	DDD4 PD4 の 入出力 方向	DDD3 PD3 の 入出力 方向	DDD2 PD2 の 入出力 方向	DDD1 PD1 の 入出力 方向	DDD0 PD0 の 入出力 方向
DDRC ポート C データ方向 レジスタ	—	DDC6 PC6 の 入出力 方向	DDC5 PC5 の 入出力 方向	DDC4 PC4 の 入出力 方向	DDC3 PC3 の 入出力 方向	DDC2 PC2 の 入出力 方向	DDC1 PC1 の 入出力 方向	DDC0 PC0 の 入出力 方向
DDRB ポート B データ方向 レジスタ	DDB7 PB7 の 入出力 方向	DDB6 PB6 の 入出力 方向	DDB5 PB5 の 入出力 方向	DDB4 PB4 の 入出力 方向	DDB3 PB3 の 入出力 方向	DDB2 PB2 の 入出力 方向	DDB1 PB1 の 入出力 方向	DDB0 PB0 の 入出力 方向

Pxn ピン（ポート x の n ビット）	DDxn
出力ピンにする	1
入力ピンにする	0

■ PORTx レジスタ（出力電圧・プルアップの設定用）のビット構成

PORTD	PORTD7	PORTD6	PORTD5	PORTD4	PORTD3	PORTD2	PORTD1	PORTD0
ポートD データ レジスタ	PD7 出力 電圧，プ ルアップ	PD6 出力 電圧，プ ルアップ	PD5 出力 電圧，プ ルアップ	PD4 出力 電圧，プ ルアップ	PD3 出力 電圧，プ ルアップ	PD2 出力 電圧，プ ルアップ	PD1 出力 電圧，プ ルアップ	PD0 出力 電圧，プ ルアップ
PORTC	-	PORTC6	PORTC5	PORTC4	PORTC3	PORTC2	PORTC1	PORTC0
ポートC データ レジスタ		PC6 出力 電圧，プ ルアップ	PC5 出力 電圧，プ ルアップ	PC4 出力 電圧，プ ルアップ	PC3 出力 電圧，プ ルアップ	PC2 出力 電圧，プ ルアップ	RC1 出力 電圧，プ ルアップ	PC0 出力 電圧，プ ルアップ
PORTB	PORTB7	PORTB6	PORTB5	PORTB4	PORTB3	PORTB2	PORTB1	PORTB0
ポートB データ レジスタ	PB7 出力 電圧，プ ルアップ	PB6 出力 電圧，プ ルアップ	PB5 出力 電圧，プ ルアップ	PB4 出力 電圧，プ ルアップ	PB3 出力 電圧，プ ルアップ	PB2 出力 電圧，プ ルアップ	PB1 出力 電圧，プ ルアップ	PB0 出力 電圧，プ ルアップ

Pxn が出力ピンのとき	Pxn が入力ピンのとき	PORTxn
Pxn の出力電圧を High にする	Pxn をプルアップする	1
Pxn の出力電圧を Low にする	Pxn をプルアップをしない	0

■ PINx レジスタ（入力電圧の読み出し用）のビット構成

PIND	PIND7	PIND6	PIND5	PIND4	PIND3	PIND2	PIND1	PIND0
ポートD 入力ピン アドレス	PD7 の 入力電圧	PD6 の 入力電圧	PD5 の 入力電圧	PD4 の 入力電圧	PD3 の 入力電圧	PD2 の 入力電圧	PD1 の 入力電圧	PD0 の 入力電圧
PINC	-	PINC6	PINC5	PINC4	PINC3	PINC2	PINC1	PINC0
ポートC 入力ピン アドレス		PC6 の 入力電圧	PC5 の 入力電圧	PC4 の 入力電圧	PC3 の 入力電圧	PC2 の 入力電圧	PC1 の 入力電圧	PC0 の 入力電圧
PINB	PINB7	PINB6	PINB5	PINB4	PINB3	PINB2	PINB1	PINB0
ポートB 入力ピン アドレス	PB7 の 入力電圧	PB6 の 入力電圧	PB5 の 入力電圧	PB4 の 入力電圧	PB3 の 入力電圧	PB2 の 入力電圧	PB1 の 入力電圧	PB0 の 入力電圧

Pxn の入力電圧の読み出し	PINxn
Pxn の入力電圧が現在 High の状態	1
Pxn の入力電圧が現在 Low の状態	0

2.1.2　LED1/2 の制御

2.1.2.1　点灯と消灯の方法

　EMB-88 マイコンボードでは，図 2.1 に示すように LED1 と LED2 は PC4 ピン（ポート C の 4 ビット目）と PC5 ピン（同じくポート C の 5 ビット目）に接続されている．したがって，リスト 2.1 のように，両方のピンを「出力ピン」に設定し，その出力電圧を設定すれば点灯・消灯ができる（図 2.2）．

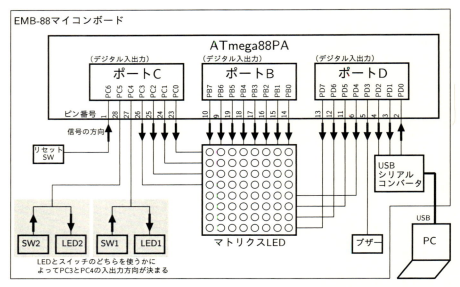

図 2.1: EMB-88 マイコンボードにおけるマイコンポートの接続関係（抵抗器などは省略して作図）

リスト 2.1: LED1 の点灯，LED2 の消灯

```
1  #include <avr/io.h>
2  #include <avr/wdt.h>
3  
4  int main(void)
5  {
6      DDRC = 0x30; // PC5/4を出力ピンに設定
7      PORTC = 0x10; // PC5/4の出力をL/Hに設定
8  
9      for (;;) {
10         wdt_reset(); // ウォッチドックタイマをリセット
11     }
12  
13     return 0;
14  }
```

ところでリスト 2.1 ではレジスタの設定を 16 進表記で指定しているが，2 進法指定の 0b を使うと

```
6  DDRC = 0b00110000;
7  PORTC = 0b00010000;
```

と書くことができる．他の書き方として，レジスタを構成するビット名とマクロ _BV() を使うと

```
6  DDRC = _BV(DDC5)|_BV(DDC4);
7  PORTC = _BV(PORTB4);
```

と書くこともできる．

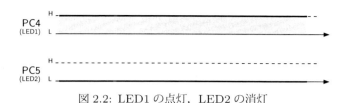

図 2.2: LED1 の点灯，LED2 の消灯

2.1.2.2 カウンタ変数を使った点滅制御

LED1 の点滅を繰り返す方法について考える．点滅を繰り返すにはリスト 2.2 のように PC4 ピンの出力電圧を交互に H と L にすればよい．

リスト 2.2: LED1 の点滅

```
1  #include <avr/io.h>
2  #include <avr/wdt.h>
3
4  int main(void)
5  {
6      DDRC = 0x30;  // PC5/4を出力ピンに設定
7      PORTC = 0x30; // PC5/4の出力をH/H に設定
8
9      for (;;) {
10         wdt_reset(); // ウォッチドックタイマをリセット
11         PORTC ^= 0x10; // PC4 の出力値を反転
12     }
13
14     return 0;
15 }
```

実行するとすぐに気がつくが，切り替えが早すぎて点滅を視認できない．切り替えはある程度の時間を空けて行う必要がある．リスト 2.3 はカウント用の変数（以降，**カウンタ変数**）を導入して時間調整をできるようにしたプログラムである．リスト 2.3 では図 2.3 に示すように，カウンタ変数 cnt が比較値 CTOP と**コンペアマッチ**[3]したタイミングでカウンタをクリアし，合わせて PC4 の出力レベルを反転（トグル）させている．比較値とコンペアマッチした時点で，ピンの出力を変化させることは**コンペアマッチ出力**と呼ばれる．

[3] 比較値と一致することをコンペアマッチと言う．

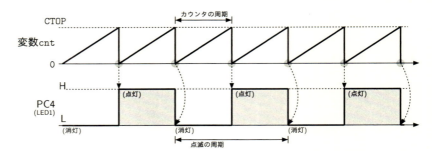

図 2.3: カウンタ変数を使った LED の点滅のタイミング調整

リスト 2.3: カウンタ変数を使った LED1 の点滅のタイミング調整

```
1  #include <avr/io.h>
2  #include <avr/wdt.h>
3
4  #define CTOP 200000UL
5
6  int main(void)
7  {
8      unsigned long cnt = 0;   // 32bit
9
10     DDRC = 0x30; // PC5/4を出力ピンに設定
11     PORTC = 0x30; // PC5/4の出力をH/Hに設定
12
13     for (;;) {
14         wdt_reset(); // WDT をリセット
15         cnt++;
16         if (cnt >= CTOP) {
17             cnt = 0;
18             PORTC ^= 0x10; // PC4 の出力値を反転
19         }
20     }
21     return 0;
22 }
```

本来，時間を扱うときはマイコンの内蔵タイマ（ハードウェアタイマ）を利用して正確に行うべきであるが，初めからタイマ関連のレジスタを使うと初学者を混乱させかねないので，ここでは単純にカウンタ変数を用いた方法を紹介した．内蔵タイマを利用した方法はあとで述べる．カウンタ変数を用いた方法は手軽な一方で，プログラム実行時の条件分岐，マイコンの動作周波数，コンパイラの最適化の影響を直接受けてしまうので，作り出される時間間隔が一定ではないことに十分注意する必要がある．

2.1.2.3 カウンタのプリスケーリング

カウント速度を落としてカウンタ周期を長くする方法について紹介する．リスト 2.3 で，

```
15| cnt++;
```

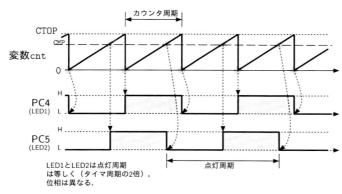

図 2.4: 位相の異なる 2 つの点滅

としている部分を，例えば

```
p++;
if (p == 4) { // プリスケール 4
    p = 0;
    cnt++;
}
```

と書き換えるとカウント速度を 1/4 倍に落とすことができる（周期は 4 倍になる）．ただし，unsigned int p = 0; も宣言部に付け加えておく必要がある．この仕掛けを使うとカウンタ停止や速度調整が簡単にできる．このようにカウンタに速度調整の仕組みを設けることを**プリスケーリング**と言う．

2.1.2.4 比較値の利用 (1)

リスト 2.4 はカウンタに対して**比較値** CMP を使って，2 つの LED(LED1/2) の点滅周期を同じにして，位相だけをずらすようにしたプログラムである（図 2.4）．リスト 2.4 ではカウンタが CMP とコンペアマッチした時点で LED2 の点滅を切り替えるようにしている．

リスト 2.4: 位相の異なる 2 つの点滅

```
1  #include <avr/io.h>
2  #include <avr/wdt.h>
3
4  #define CTOP 200000UL
5  #define CMP  150000UL // 比較値
6
7  int main(void)
8  {
9      unsigned long cnt = 0;   // 32bit
10
11     DDRC  = 0x30; // PC5/4を出力ピンに設定
12     PORTC = 0x30; // PC5/4の出力をH/Hに設定
13
14     for (;;) {
15         wdt_reset(); // WDT をリセット
16         cnt++;
```

```
17        if (cnt >= CTOP) {
18            cnt = 0;
19            PORTC ^= 0x10; // PC4 の出力反転
20        }
21        if (cnt == CMP) {
22            PORTC ^= 0x20; // PC5 の出力反転
23        }
24    }
25
26    return 0;
27 }
```

2.1.2.5 比較値の利用 (2)

リスト 2.5 は，比較値を利用して点灯時間と消灯時間を変えられるようにしたプログラムである（図 2.5）．矩形波の 1 周期に対するパルス幅の比のことは**デューティ**と呼ばれる．リスト 2.5 では DUTY を 1.0 に近づけると CMP が大きくなり，点灯中の時間が長くなる．DUTY を 0.0 に近づけると CMP が小さくなり，点灯中の時間が短くなる．DUTY を 0.5 に設定すると，点灯と消灯の時間が同じになる．

DUTY が変わっても点滅周期には影響しないことに注意する．点滅周期そのものを変えるには，カウンタ CTOP を変える必要がある．点滅周期とデューティをうまく設定すれば LED の**調光**（明るさ調整）が実現できる．リスト 2.5 において，カウンタ CTOP を小さくして点滅が人間の目にはわからないくらいにすれば，あとは DUTY によって調光が可能である．

リスト 2.5: 比較値を使った点灯時間の調整

```
 1 #include <avr/io.h>
 2 #include <avr/wdt.h>
 3
 4 #define DUTY 0.8
 5 #define CTOP 250000UL
 6 #define CMP ((unsigned long)(DUTY*CTOP)) // 比較値
 7
 8 int main(void)
 9 {
10     unsigned long cnt = 0;   // 32bit
11
12     DDRC = 0x30;  // PC5/4を出力ピンに設定
13     PORTC = 0x10; // PC5/4の出力をL/H に設定
14
15     for (;;) {
16         wdt_reset(); // WDT をリセット
17         cnt++;
18         if (cnt >= CTOP) {
19             cnt = 0;
20             PORTC |= 0x10; // PC4 の出力を H
21         }
22         if (cnt == CMP) {
23             PORTC &= ~0x10; // PC4 の出力を L
24         }
```

```
25     }
26
27     return 0;
28 }
```

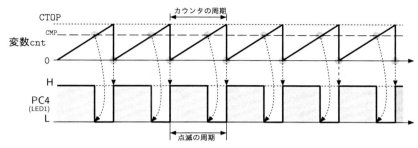

図 2.5: リスト 2.5 の仕組み

リスト 2.5 を改造し，時間的にデューティを変化させて，調光レベルを変えるようにしたプログラムがリスト 2.6 である．このプログラムでは「LED1 をしだいに明るくして消す」という処理を繰り返すようにしている（図 2.6）．

リスト 2.6: 調光レベルを時間的に変化させるプログラム

```
1  #include <avr/io.h>
2  #include <avr/wdt.h>
3
4  #define CTOP 5000UL
5  #define STEP 100
6
7  int main(void)
8  {
9      unsigned long cnt = 0;   // 32bit
10     unsigned long cmp = 0;
11
12     DDRC = 0x30; // PC5/4を出力ピンに設定
13     PORTC = 0x10; // PC5/4の出力をL/Hに設定
14
15     for (;;) {
16         wdt_reset(); // WDT をリセット
17         cnt++;
18         if (cnt >= CTOP) {
19             cnt = 0;
20             PORTC |= 0x10; // PC4 の出力を H
21             cmp += STEP;
22             if (cmp >= CTOP) {
23                 cmp = 0;
24             }
25         }
26         if (cnt == cmp) {
27             PORTC &= ~0x10; // PC4 の出力を L
28         }
29     }
30
31     return 0;
32 }
```

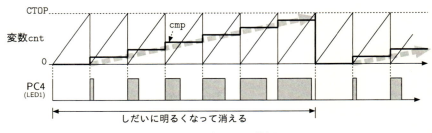

図 2.6: リスト 2.6 の仕組み

2.1.3 ブザーの音程制御

次にブザーの制御を行う．ブザーは PD3 ピン（ポート D の 3 ビット目）に接続されているので，リスト 2.7 のように PD3 を出力ピンにし周期信号[4]を出力すれば音が鳴る．音程を調整する場合にはカウンタクリアの間隔を変えればよい．CTOP を小さくすると（周期が短い）と高音になり，逆に大きくすると（周期が長い）と低音になる[5]．

リスト 2.7 で生成される PD3 出力信号をオシロスコープで観測した波形を図 2.7 に示す．著者の環境では信号周期は 6.9 ms，周波数で言えば 144 Hz であった．ここで紹介した方法はタイマ機能ではなくカウンタ変数を使った方法なので，プログラムコードの書き方や，コンパイラの最適化によって出力信号の周波数が変わってしまうことは十分にありうることは先に述べたとおりである．

[4] ブザーの種類にもよるが，100 [Hz] から数 k [Hz] くらいであれば鳴る．

[5] タイマ機能を使うと周期を正確に制御できるため，メロディを再生させることも可能になる．

リスト 2.7: ブザーの駆動

```
1  #include <avr/io.h>
2  #include <avr/wdt.h>
3
4  #define CTOP 2000UL
5
6  int main(void)
7  {
8      unsigned long cnt = 0;  // 32bit
9
10     DDRD = 0x08; // PD3 を出力ピンに設定
11
12     for (;;) {
13         wdt_reset(); // WDT をリセット
14         cnt++;
15         if (cnt >= CTOP) {
16             cnt = 0;
17             PORTD ^= 0x08;
18         }
19     }
20
21     return 0;
22 }
```

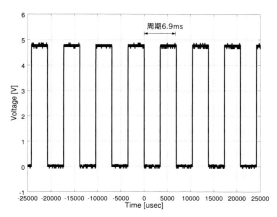

図 2.7: リスト 2.7 で生成される PD3 出力信号（オシロスコープで観測）

2.1.4　LED とブザーの併用

　LED とブザーを併用する場合，LED とブザーでカウンタ変数を共有するとタイミング調整が難しくなるので，それぞれのデバイス専用のカウンタ変数を用意すればよい．リスト 2.8 は LED 点灯時のみブザーを鳴らす例である．

リスト 2.8: LED とブザーの併用例

```c
#include <avr/io.h>
#include <avr/wdt.h>

#define LED_CTOP 100000UL
#define BZ_CTOP 1000UL

void proc_led()
{
    static unsigned long cnt = 0; // 32bit
    cnt++;
    if (cnt < LED_CTOP) {
        return;
    }
    cnt = 0;
    PORTC ^= 0x10;
}

void proc_bz()
{
    static unsigned long cnt = 0; // 32bit
    cnt++;
    if (cnt < BZ_CTOP) {
        return;
    }
    cnt = 0;
    PORTD ^= 0x08;
}

int main(void)
{
    DDRC = 0x30;
    DDRD = 0x08;
```

```
33
34      for (;;) {
35          wdt_reset();
36          proc_led();
37          if (PORTC & 0x10) { // LED1 点灯中なら
38              proc_bz();
39          }
40      }
41
42      return 0;
43  }
```

演習問題

理解度を問う問題

1. ポートとは何か答えよ．
2. リスト 2.8（41 ページ）では staic 修飾子が使われているが，それは何のためのものか答えよ．
3. LED の調光はどうすればできるのか答えよ．
4. ブザーの音程を調整するにはどうすればよいか答えよ．
5. カウント変数を用いて時間調整すると何が問題となるか答えよ．

プログラミング問題

1. リスト 2.3（36 ページ）を改造し，LED1 と LED2 を下図のように繰り返し発光させよ．

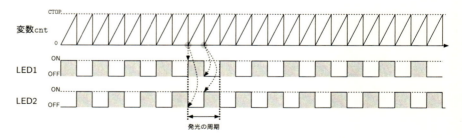

2. リスト 2.3 を改造し，LED1 と LED2 を次ページの図のように繰り返し発光させよ．

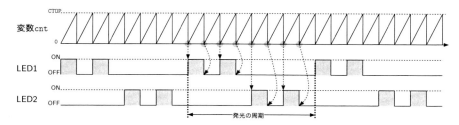

3. 視認できるように LED1 を点滅させよ．ただし，LED1 が点灯状態のときはブザーを高音で鳴らし，LED が消灯状態のときはブザーの音程を低音で鳴らすようにすること．
4. 「LED1 をしだいに明るくし，その後しだいに暗くする」を繰り返せ．
5. （人間の感覚で）1 秒ごとにピッと短くブザーを鳴らせ（時計の秒針音）．

☞ 本節のまとめ

1. ポートを制御するためには，ポートごとに関連レジスタ (DDRx/PORTx/PINx) を適切に設定する必要がある．
2. LED やブザーを使う場合は，マイコン側で出力ピンに設定した上で制御信号を送ればよい．
3. カウンタ変数を導入すると時間調整が可能になるが，プログラムの構造・実行の流れ・最適化の影響を受けるため，時間の調整は難しい．正確な時間調整に行うには内蔵タイマ（ハードウェアタイマ）を使うことが望ましい．
4. ブザーは，ON/OFF を周期的に行うことで駆動できる．
5. LED の調光は，デューティを調整することで可能になる．

2.2　GPIO ポートの使い方 2

　前節ではポート出力機能を用いて LED とブザーの制御を行った．本節ではポート出力機能を用いてマトリクス LED の制御を行う．また，ポート入力機能を用いてスイッチ情報の読み取りも行う．マトリクス LED の制御や，スイッチの読み取りにはプログラミング上の工夫が必要である．

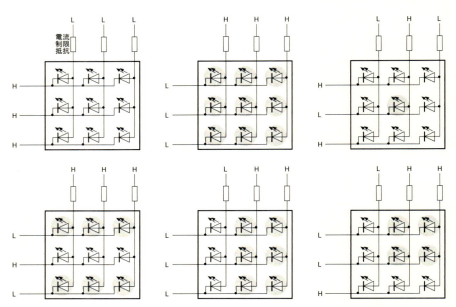

図 2.8: 3 × 3 マトリクス LED の制御（点灯した LED はグレーで囲んである）

2.2.1 マトリクス LED の制御

2.2.1.1 マトリクス LED の仕組み

　マトリクス LED とは格子状に並べられた LED の集合のことで，行と列を単位として制御を行う．図 2.8 に 3 × 3 のマトリクス LED の制御例を示す．個々の LED が同図のように配線されているタイプのマトリクス LED では，点灯させたい**行**は電圧 L，点灯させたい**列**は電圧 H にすることで，目的の箇所を点灯させることができる．

　マトリクス LED は表示可能なパターンに制限があり，例えばマトリクス LED の対角に並んだ LED を直接点灯させることはできない．一般的には**ダイナミック点灯**と呼ばれる方法を用いて，時間的に点灯箇所を切り替えることで残像によって文字などの任意のパターンを表示しているように見せる方法が使われる．なお，時間的に点灯する行や列を変えずに点灯させることは，ダイナミック点灯に対して**スタティック点灯**と呼ばれる．

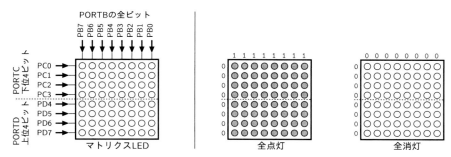

図 2.9: 8 × 8 マトリクス LED の制御，左:各ポートとの接続関係，右：全点灯と全消灯（接続関係は省略）

2.2.1.2 マトリクス LED の点灯例

EMB-88 マイコンボードの 8×8 マトリクス LED は，図 2.9（左）に示すようにポート B を構成する 8 ビットがすべて各列の制御用に，またポート D の上位 4 ビットとポート C の下位 4 ビットが各行の制御用に割り当てられている．よって，全点灯と全消灯をさせたい場合は，同図（右）のように設定すればよい．全点灯と全消灯を繰り返すプログラムはリスト 2.9 のようになる．

リスト 2.9: マトリクス LED の全点灯・全消灯の繰り返し

```c
#include<avr/io.h>
#include<avr/wdt.h>

#define CTOP 200000UL

int main()
{
    unsigned long cnt = 0;

    DDRB = 0xFF;
    DDRC = 0x0F;
    DDRD = 0xFE;

    PORTB = 0xFF;
    PORTC = 0x00;
    PORTD = 0x00;

    for (;;) {
        wdt_reset();
        cnt++;
        if (cnt >= CTOP) {
            cnt = 0;
            PORTB = ~PORTB;
        }
    }
    return 0;
}
```

次のリスト 2.10 は，点灯列を右から左に移していくプログラムである（図 2.10）．また，リスト 2.11 はマトリクス LED の点灯行を上から下に移していく

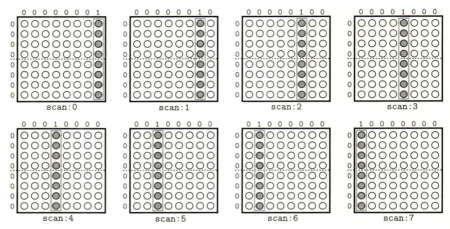

図 2.10: マトリクス LED の点灯列の移動（右から左へ）

例である（図 2.11）．行を点灯させる場合，行の切り替えが遅いとマイコンの 1 つのピンに流れ込む電流（シンク電流）が大きいままになってしまうので，ここでは点灯箇所を 2 箇所に減らしてある．

ここで紹介した点灯行（点灯列）を切り替える点灯方法は，次に紹介する**ダイナミック点灯**の基本となるものである．

リスト 2.10: マトリクス LED の点灯列の移動（右から左へ）

```
#include<avr/io.h>
#include<avr/wdt.h>

#define CTOP 100000UL

int main()
{
    unsigned long cnt = 0;
    unsigned char scan = 0;

    DDRB = 0xFF;
    DDRC = 0x0F;
    DDRD = 0xFE;

    PORTB = 0xFF;
    PORTC = 0x00;
    PORTD = 0x00;

    for (;;) {
        wdt_reset();
        cnt++;
        if (cnt >= CTOP) {
            cnt = 0;
            scan = (scan + 1) & 7;
            PORTB = 1 << scan;
        }
    }
    return 0;
}
```

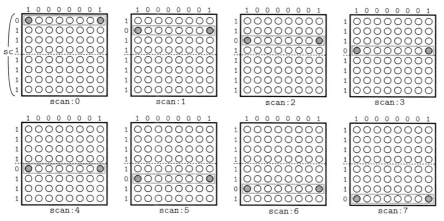

図 2.11: マトリクス LED の点灯行の移動（上から下へ）

リスト 2.11: マトリクス LED の点灯行の移動（上から下へ）

```c
#include<avr/io.h>
#include<avr/wdt.h>

#define CTOP 100000UL

int main()
{
    unsigned long cnt = 0;
    unsigned char sc = 0xFE;

    DDRB = 0xFF;
    DDRC = 0x0F;
    DDRD = 0xFE;

    PORTB = 0x81;
    PORTC = 0x00;
    PORTD = 0x00;

    for (;;) {
        wdt_reset();
        cnt++;
        if (cnt >= CTOP) {
            cnt = 0;
            sc = (sc << 1) | (sc >> 7);
            PORTD = (PORTD & 0x0F) | (sc & 0xF0); // 上位4ビット書き換え
            PORTC = (PORTC & 0xF0) | (sc & 0x0F); // 下位4ビット書き換え
        }
    }
    return 0;
}
```

2.2.1.3 マトリクス LED の制御 (ダイナミック点灯)

ドットマトリクス LED は行と列を制御するため，表示可能なパターンに制限

がある．そこでダイナミック点灯と呼ばれる，点灯する行（または列）を短時間で切り替えていく手法を用いると，見かけ上任意のパターンを表示することができる．リスト 2.12 はダイナミック点灯の例である（図 2.12）．

リスト 2.12: ダイナミック点灯

```
1   #include<avr/io.h>
2   #include<avr/wdt.h>
3
4   #define CTOP 2000UL
5
6   unsigned char led[8] = {
7       0b00011000,
8       0b00111000,
9       0b01111000,
10      0b00011000,
11      0b00011000,
12      0b00011000,
13      0b00011000,
14      0b01111110
15  };
16
17  void update_led()
18  {
19      static unsigned char sc = 0xFE;
20      static unsigned char scan = 0;
21
22      PORTB = 0; // 残像対策
23      sc = (sc << 1) | (sc >> 7);
24      PORTD = (PORTD & 0x0F) | (sc & 0xF0); // 上位4ビット書き換え
25      PORTC = (PORTC & 0xF0) | (sc & 0x0F); // 下位4ビット書き換え
26      scan = (scan + 1) & 7;
27      PORTB = led[scan];
28  }
29
30  int main()
31  {
32      unsigned long cnt = 0;
33
34
35      DDRB = 0xFF;
36      DDRC = 0x0F;
37      DDRD = 0xFE;
38
39      PORTB = 0xFF;
40      PORTC = 0x00;
41      PORTD = 0x00;
42
43      for (;;) {
44          wdt_reset();
45          cnt++;
46          if (cnt >= CTOP) {
47              cnt = 0;
48              update_led();
49          }
50      }
51      return 0;
52  }
```

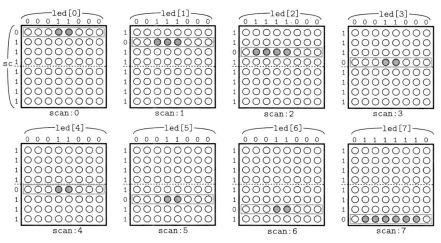

図 2.12: ダイナミック点灯

2.2.2 スイッチの読み取りとチャタリング

2.2.2.1 スイッチの読み取り方法

　スイッチはマイコンに信号を入力するための単純なデバイスである．EMB-88 マイコンボードでは，ResetSW，SW1，SW2，の 3 つのスイッチが PC6，PC5，PC4 ピンにそれぞれ接続されている．3 つのスイッチのうちプログラムで利用できるスイッチは SW1，SW2 の 2 つである．SW1 は LED1 と PC4 を共有しているため，LED1 との同時に使用できない．また，SW2 は LED2 と PC5 を共有しているため，LED2 とは同時に使用できないことに注意する．

　また，**スイッチを使用する際は内蔵プルアップを有効化する**必要がある．内蔵プルアップ回路を有効化すると，スイッチに対してマイコン内部でプルアップ回路が接続され，スイッチが押されていない状態に対して電圧レベル H が保証されるようになる[6]．

　リスト 2.13 はスイッチの現在の状態（ON か OFF）に応じた処理を行うプログラムである．変数 sw はイベントループの中で毎回更新され，押したスイッチ

[6] スイッチを押すと接地されるので電圧レベル L になる．

の状態に応じてLEDの点灯パターンが変化するようになっている．本書ではスイッチ状態を格納する変数を**スイッチ変数**と呼ぶ．

リスト2.13: スイッチの読み取り

```c
#include <avr/io.h>
#include <avr/wdt.h>

unsigned char sw;    // スイッチ変数

void update_sw()
{
    sw = (~PINC >> 4) & 3;  //入力ピンを読み取り，スイッチ変数を更新
}

int main()
{
    DDRB = 0xFF;
    DDRC = 0x0F;
    DDRD = 0xFE;

    PORTB = 0xFF;
    PORTC = 0x30;  // 入力ピンをプルアップ
    PORTD = 0x00;

    for (;;) {
        wdt_reset();
        update_sw();
        switch (sw) { // スイッチ状態に応じたアクション
        case 0:
            PORTB = 0x00;
            break;
        case 1:
            PORTB = 0xF0;
            break;
        case 2:
            PORTB = 0x0F;
            break;
        case 3:
            PORTB = 0xFF;
            break;
        }
    }

    return 0;
}
```

2.2.2.2 スイッチ変化の検出と，チャタリング

スイッチは何らかのアクションを開始するためのトリガとして使われることがよくある．その場合は，スイッチの現在の状態（ONかOFF）ではなく，**スイッチ変化（OFF→ON，あるいはON→OFF）をプログラムで検出**する必要がある．リスト2.14はスイッチを押したタイミングで，マトリクスLEDを水平方向に1ビットローテートシフトするプログラムである．このプログラムでは，イベントループの中から，update_sw()関数を呼び出してスイッチ変化

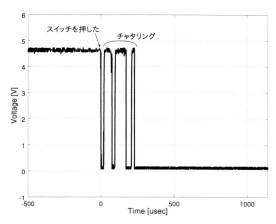

図 2.13: 観測されたチャタリング

の検出を行っている．スイッチ変化があるとフラグ sw_flag が 1 になる．このフラグのクリアはスイッチに対するアクションの中で手動で 0 クリアしている．本書ではスイッチ変化を示すフラグを**スイッチ変化フラグ**と呼ぶ．

リスト 2.14 を実行するとわかるが，スイッチを押した回数以上にマトリクス LED がローテートシフトされてしまう．この現象は**チャタリング**と呼ばれ，スイッチ内部のバネに起因するものである．スイッチを押すと，そのバネがしばらくの間バウンドするため，マイコンは何度もスイッチが押されたと判定してしまう（図 2.13）．

リスト 2.14: スイッチの読み取り

```c
#include <avr/io.h>
#include <avr/wdt.h>

unsigned char sw;        // スイッチ変数
unsigned char sw_flag;   // スイッチ変化フラグ

void update_sw()
{
    unsigned char tmp;

    tmp = (~PINC >> 4) & 3; //現在の入力ピンを読み取る
    if (tmp != sw) {
        sw_flag = 1; // フラグを立てる
        sw = tmp; // スイッチ変数を更新
    }
}

int main()
{
    DDRB = 0xFF;
    DDRC = 0x0F;
    DDRD = 0xFE;

    PORTB = 0x18;
```

```
25      PORTC = 0x30; // 入力ピンをプルアップ
26      PORTD = 0x00;
27
28      for (;;) {
29          wdt_reset();
30          update_sw(); // スイッチ変数を更新
31          if (sw_flag) { // スイッチ変化を検出したら
32              sw_flag = 0; // フラグをクリア
33              switch (sw) { // アクション
34              case 0:
35                  break;
36              case 1:
37                  PORTB = (PORTB >> 7) | (PORTB << 1);
38                  break;
39              case 2:
40                  PORTB = (PORTB << 7) | (PORTB >> 1);
41                  break;
42              case 3:
43                  PORTB = ~PORTB;
44                  break;
45              }
46          }
47      }
48      return 0;
49
50  }
```

2.2.2.3　チャタリング対策例（単純な方法）

　チャタリング対策として，単純な方法は「スイッチを読み取る間隔を十分に空ける」ことである．前述のリスト 2.14 の update_sw() を

```
#define CTOP 10000UL
void update_sw()
{
    unsigned char tmp;
    static unsigned long cnt = 0;

    // スイッチの読み取りのインターバルの調整
    cnt++;
    if (cnt < CTOP) {
        return;
    }
    cnt = 0;

    tmp = (~PINC >> 4) & 3; //現在の入力ピンを読み取る
    if (tmp != sw) {
        sw_flag = 1; // フラグを立てる
        sw = tmp; // スイッチ変数を更新
    }
}
```

で書き換えることでそのような動作になる．

　この方法は単純であるものの，次の問題がある（図 2.14 も参照）．
 1. 信号変化を完全に無視しているので，読み取り間隔を長くしてあったとして

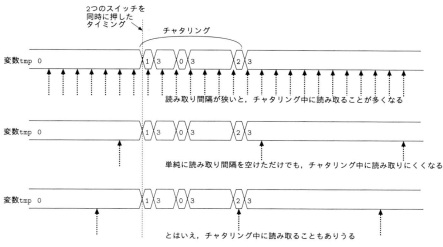

図 2.14: 単純なチャタリング対策

もチャタリング中の読み取りになることがある．
2. ユーザが2つのスイッチを同時操作したときも，チャタリング中の読み取りになることがある．

2.2.2.4　チャタリング対策例（少し効果的な方法）

チャタリング対策として，もう少し効果的な方法は「**スイッチ変化を検出したら，しばらく待って改めてスイッチを読み取る**」ことである．リスト 2.14 の update_sw() を

```
#define CTOP 10000UL
void update_sw()
{
    static char stat = 0;
    static unsigned long cnt = 0;
    unsigned char tmp;    // 現在のポート入力

    tmp = (~PINC >> 4) & 3;

    switch (stat) {
    case 0:
        if (sw != tmp) {
            cnt = CTOP;
            stat = 1;
        }
        break;
    case 1:
        cnt--;
        if (cnt == 0) {
            if (sw != tmp) {
                sw_flag = 1;   // フラグを立てる
                sw = tmp; // 変数swを更新
            }
```

```
                    stat = 0;
            }
            break;
        }
        return;
}
```

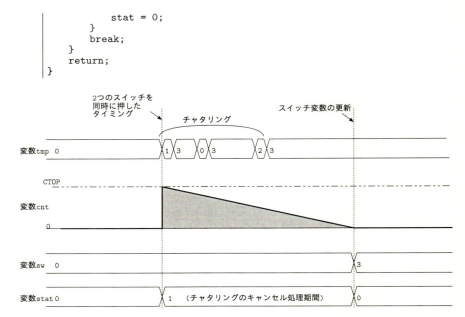

図 2.15: チャタリング対策（スイッチ変化を検知後に，しばらくおいて改めて読み取る）

で書き換えることでそのような動作になる．

update_sw() は，(1) スイッチが安定している状態と，(2) チャタリングが落ち着くのを待っている状態，の 2 状態を持つ**ステートマシン**で実装してある．ステートマシンがどちらの状態にあるかは変数 stat で管理している．ステートの切り替わりの例として，スイッチを 2 つ同時押ししたときのタイムチャートを図 2.15 に示す．

この方法であれば次の効果が期待できる．

1. チャタリング中にスイッチ変数が更新される可能性が軽減される．
2. 2 つのスイッチをほぼ同時に操作したときも，安定してスイッチ読み取りができるようになる．

更に効果的なチャタリング対策として，スイッチの電気的な状態が一定時間以上同じ状態が続いたらスイッチ変数を更新する方法がある．ただし，その方法をピン変化割り込みや，内蔵タイマを使わずに実装してもプログラムが長くなるだけなので本節では扱わない．

演習問題

理解度を問う問題

1. プルアップは何のために必要か.
2. ダイナミック点灯とスタティック点灯の違いは何か答えよ.
3. チャタリングとはどのような現象か答えよ.
4. EMB-88マイコンボードを使って，マトリクスLEDの4隅（LED00，LED07，LED70，LED77）をスタティック点灯させたい．そのためには，PORTB，PORTC，PORTDをどう設定すればよいか16進数2桁で答えよ．その際，無関係のビットは0とすること．

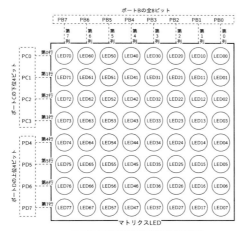

各LEDは，電流をPB側からPC/PD側に流すと点灯する．
実際にはPBとマトリクスLEDの間に抵抗器がある（図では省略）．

5. EMB-88マイコンボードではPC5にはスイッチ2，PC4にはスイッチ1が接続されている．PC5/PC4への入力電圧は，スイッチがOFFのときはH，スイッチがONのときはLとなる．このとき次の表の空欄を16進数2桁の数値で埋め，完成させよ．

スイッチ2	スイッチ1	PC5	PC4	~PINC & 0x30	(~PINC & 0x30) >> 4
OFF	OFF	H	H	0x00	0x00
OFF	ON	H	L	0x10	0x01
ON	OFF	L	H	( )	( )
ON	ON	L	L	( )	( )

プログラミング問題

1. スイッチ 2 を押すたびに，LED1 の点灯状態 (ON/OFF) が入れ替わる（トグル）ようにせよ．
2. 問題 1 で作成したプログラムを改造し，スイッチ 2 を押されときには短くピッとブザーがなるようにせよ．
3. スタティック点灯により，マトリクス LED の 4 隅（LED00，LED07，LED70，LED77）を点灯させよ．
4. ダイナミック点灯により，マトリクス LED の 4 隅（LED00，LED07，LED70，LED77）を点灯させよ．
5. ダイナミック点灯により，マトリクス LED の 4 隅（LED00，LED07，LED70，LED77）を時計回りに繰り返し点灯させよ．その際，複数の LED が同時に点灯することがないように，点灯させた箇所を先に消灯してから，次の箇所を点灯させること．
6. ダイナミック点灯により，マトリクス LED を 1 点ずつ左上からラスタスキャン順に点灯・消灯とトグルさせよ．右下に到達したら，左上から繰り返すこと．視認可能な速度で処理すること．
7. リスト 2.12（48 ページ）を改造し，一定時間ごとに下方向にローテートシフトさせよ．
8. リスト 2.12 を改造し，一定時間ごとに左方向にローテートシフトさせよ．
9. リスト 2.12 を改造し，スイッチ 1 を押すたびに，マトリクス LED の表示パターン 1 ビット左にローテートシフトさせよ．また，スイッチ 2 を押すたびに，1 ビット下にローテートシフトさせよ．
10. リスト 2.12 を改造し，2 次元配列を用いてマトリクス LED に表示させる数字パターン（0 から 9）を増やし，それを一定時間ごとに順番に切り替えよ．
11. リスト 2.12 を改造し，2 次元配列を用いてマトリクス LED に表示させる数字パターン（0 から 9）を増やし，それをスイッチ 1/2 で切り替えられるようにせよ．

☞ **本節のまとめ**

1. スイッチはプルアップして使う．
2. スイッチを使うとチャタリングが発生するので，ソフトウェア処理でキャンセルする必要がある．

3. マトリクス LED に任意のパターンを表示するには，ダイナミック点灯を行う必要がある．

2.3 周辺機能と割り込み

　LED，スイッチ，ブザーをマイコンの GPIO 機能を使って駆動する方法を紹介した．マイコンには GPIO に加えて，タイマ，シリアル通信，アナログ・デジタル変換などの**周辺機能**が備わっている．それらの機能を活用することでプログラミングの手間を減らしつつ，接続デバイスを更に簡単かつ高度に制御することが可能である．本節では周辺機能と割り込みについて述べる．

2.3.1　マイコンの周辺機能とマルチファンクションピン

　周辺機能によっては，マイコン外部から信号入力したり，マイコン外部へ信号を出力したりするものがある．例えば，アナログ・デジタル変換機能は，外部から入力されるアナログ信号をデジタル化してマイコンで扱えるようにするための機能である．また，タイマ機能はアプリケーション側に時間的な処理を実現するための機能であるが，事前に設定した比較値にコンペアマッチすると自動的にマイコンのピンから信号を出力をするコンペアマッチ出力機能も備えている．つまり，マイコンのピンは常に GPIO のためのピンというわけではなく，周辺機能用のピンでもある．このためマイコンのピンは**マルチファンクションピン**と呼ばれる．ピンの機能切り替え自体は簡単で，周辺機能に関連するレジスタを操作して，その機能を有効化するだけでよい．

　図 2.16 は，本書で扱う周辺機能に限定して図示したものである（作図の際，抵抗などは省略した）．

2.3.2　マイコンの周辺機能と割り込み機能

　割り込みとは，マイコンの外部または内部から発生するイベントをトリガとして事前に登録しておいた手続きを優先的に実行することを言う．マイコンの割り込み機能を使うとプログラミングの負担を減らせることができる．そのためには使用するマイコンがどんな**割り込みイベント**に対応しているかを把握しておくこ

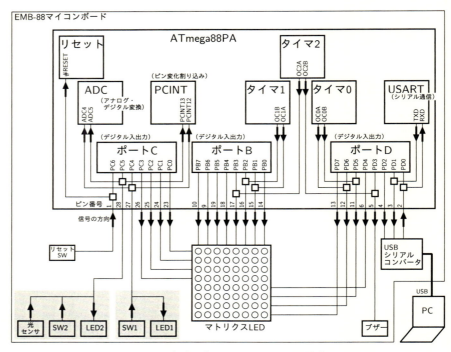

図 2.16: 本書で扱うマイコンの周辺機能

とが重要である．

割り込みイベントとして以下のようなものがある．

(1) 時間経過

内蔵タイマのオーバーフローやコンペアマッチ

(2) 処理完了

USART 送信完了，USART 受信完了，ADC 完了

(3) 準備完了

USART 送信データレジスタ空き

(4) 外部信号の変化

リセット，ピン変化

事前に登録する手続きは，**割り込みハンドラ**や**割り込み処理**などと呼ばれる．割り込みイベントが発生すると，通常の処理（メインルーチン）が一時中断されて，割り込みハンドラが起動される．ハンドラの実行が終了すると，通常の処理に復帰する．

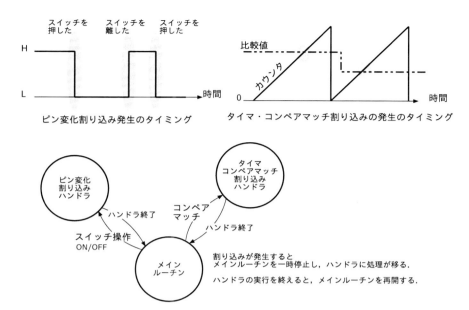

図 2.17: ピン変化割り込みとタイマ・コンペアマッチ割り込みの利用例

理解を容易にするため，**ピン変化割り込み**と**タイマ・コンペアマッチ割り込み**の利用例を図 2.17 に示す．ピン変化割り込みとは，マイコンのピンの状態が変化したときに発生する割り込みで，同図ではスイッチ変化を検出するために使用している．また，タイマ・コンペアマッチ割り込みとは，定期的な処理の実行に使用される割り込みの 1 つで，カウンタレジスタがコンペアレジスタの値とコンペアマッチすると発生する割り込みである．

割り込み機能を有効化するとイベントの検知はマイコンによって自動的に行われるようになるため，ユーザプログラムによるイベントチェックは不要になる．つまり，**プログラマはイベントが起きたときの動作だけを割り込みハンドラとして定義すればよいので，プログラミングの負荷が大幅に軽減される**．実際，マイコンのプログラムではメインルーチンで空ループにしておき，すべての処理を割り込みハンドラで記述することも珍しくない．ただし，割り込み処理は短時間で終了するようにプログラムを工夫することが必要である．時間制約の厳しい処理だけをタイマ割り込みで処理し，残りの空き時間で main() のループに入れた他の処理を実行することもある．

表 2.1: ATmega88PA で対応しているイベント（一部）

番号	イベント	割り込みベクタ名	フラグ	（格納レジスタ）
3	ピン変化 0（ポート B 関係）	PCINT0_vect	PCIF0	(PCIFR)
4	ピン変化 1（ポート C 関係）	PCINT1_vect	PCIF1	(PCIFR)
5	ピン変化 2（ポート D 関係）	PCINT2_vect	PCIF2	(PCIFR)
7	タイマ 2 コンペアマッチ A	TIMER2_COMPA_vect	OCF2A	(TIFR2)
8	タイマ 2 コンペアマッチ B	TIMER2_COMPB_vect	OCF2B	(TIFR2)
9	タイマ 2 オーバーフロー	TIMER2_OVF_vect	TOV2	(TIFR2)
11	タイマ 1 コンペアマッチ A	TIMER1_COMPA_vect	OCF1A	(TIFR1)
12	タイマ 1 コンペアマッチ B	TIMER1_COMPB_vect	OCF1B	(TIFR1)
13	タイマ 1 オーバーフロー	TIMER1_OVF_vect	TOV1	(TIFR1)
14	タイマ 0 コンペアマッチ A	TIMER0_COMPA_vect	OCF0A	(TIFR0)
15	タイマ 0 コンペアマッチ B	TIMER0_COMPB_vect	OCF0A	(TIFR0)
16	タイマ 0 オーバーフロー	TIMER0_OVF_vect	TOV0	(TIFR0)
18	USART 受信完了	USART_RX_vect	RXC0	(UCSR0A)
19	USART 送信データレジスタ空き	USART_UDRE_vect	UDRE0	(UCSR0A)
20	USART 送信完了	USART_TX_vect	TXC0	(UCSR0A)
21	ADC 変換完了	ADC_vect	ADIF	(ADCSRA)

2.3.3 AVR マイコンのイベント処理について

2.3.3.1 イベント，フラグのセット，ハンドラの呼び出し

ATmega88PA では 26 種のイベントに対応している (表 2.1)．これらのイベントが発生すると，そのイベントに対応する**フラグ（割り込みフラグ）**がセットされ，そのとき**割り込みが有効化されていれば割り込みハンドラが呼びだされる**[7]．

割り込みの有効・無効化とは関係なくフラグはセットされるので，フラグをイベントループなどでチェックし続ければイベント検出とその処理を行うことも可能である．

[7] ただし，他の割り込みハンドラが呼ばれている場合は，それが終了するまでは新しいハンドラの実行は待たされる．

2.3.3.2 フラグのクリア

フラグのクリアのしかたには注意が必要である．というのは，(1) ハンドラが呼び出されると自動的にクリアされるフラグと，(2) ハンドラが呼び出されてもクリアされないフラグ，の 2 種類があるからである．

(1) にあてはまるフラグは**フラグビットに "1" を書き込めば手動でもクリア**

```
#include<avr/interrupt.h>                                    (1)
ISR( 割り込みベクタ名)                                         (2)
{
    このブロックに割り込みイベントが起きたときの処理を書く
}
ISR( 割り込みベクタ名)
{
    このブロックに割り込みイベントが起きたときの処理を書く
}
    :
int main(){
    周辺機能のレジスタを操作して割り込みを有効化する        (3)
    sei();                                                  (4)
    for(;;){
        :
    }
    return 0;
}
```

図 2.18: AVR-GCC における割り込み処理の記述方法

できる[8]ようになっている．したがって割り込みが無効化されていてハンドラが呼ばれない場合でも，フラグをクリアすることができる．

一方，(2) の場合は**所定の条件を満足しないかぎりはいつまでもフラグがセットされたまま**なので，繰り返しハンドラが呼ばれることになる．

表 2.1 のフラグに限って言えば，USART 機能で使われる RXC0 フラグと UDRE0 フラグの 2 つが (2) に該当し，他のフラグはすべて (1) に該当する．

2.3.3.3 AVR-GCC における割り込み処理の記述方法

AVR-GCC では図 2.18 のようにして割り込み処理を記述する[9]．

(1) 割り込み関係のヘッダファイルのインクルード

avr/interrupt.h をインクルードする．

(2) ハンドラの定義

割り込みハンドラは **ISR(割り込みベクタ名)** で始まるブロックの中に記述する[10]．割り込みベクタ名は表 2.1 から選択する．種類の異なる割り込みを複数使用する場合は，その分だけ ISR(**割り込みベクタ名**) ブロックを作成すればよい．

[8] PCIFR，TIFRn などの「**フラグレジスタ**」中のフラグをクリアするときは，|= ではなく**代入で直接書き込むこと**．例えば，TIFRn|=0; と書くと何も起きないように見えるかもしれないが，実は全フラグのクリアになる．「**フラグレジスタ**」は**注意が必要なレジスタである**．

[9] あくまでも基本的な形なので，実際には割り込みハンドラの中から他の割り込みを有効化したり，無効化したりする場合もよくあることに留意する．

[10] デフォルトでは割り込み処理中には他の割り込みを待たせるようになっているが，割り込みハンドラを定義する際に ISR(**割り込みベクタ名, ISR_NOBLOCK**) と記述すると，割り込み処理中の割り込みも許可されるようになる．

(3) **周辺機能のレジスタを操作し，割り込みを有効化**
割り込みハンドラの呼び出しを許可する．

(4) **システムとして割り込みを有効化（グローバル割り込み有効化）**
sei() を呼び出して，システムとして割り込みを有効化する．これにより，割り込みフラグがセットされると自動的に割り込みハンドラが呼び出されるようになる．

☞ **本節のまとめ**

1. マイコンは，1つのピンに複数の内蔵機能周辺機能の入出力が割り付けられており，ピンの機能を切り替えて使う．
2. マイコンの周辺機能を利用するには，そのために設けられているレジスタを操作する必要がある．
3. 割り込み機能を利用すると，イベントの発生をマイコンが自動的に検知できるようになるため，プログラミングの負担を軽減できる．
4. プログラムでハンドラ登録と割り込みを有効化しておけば，あとはイベントが発生すると，マイコンがフラグセット，ハンドラの呼び出し，という流れになっている．ただし，フラグのクリアの方法は割り込みによってはハンドラを呼び出すだけではクリアできないものがあるので注意が必要である．フラグがクリアされないと何度でもハンドラが呼び出されることになる．
5. 割り込み処理を使用しない場合でも，割り込みフラグがセットされるので，ユーザプログラムでそれを利用できる．

2.4 ピン変化割り込み機能の使い方

　ピン変化割り込みは，スイッチ操作などによるピンの変化（High → Low，または Low → High）を自動的に検出して所定の処理（割り込みハンドラ）を開始するための仕組みである．この機能を使うとポーリング[11]をマイコンに任せることができ，ピンが変化したときの処理だけをハンドラに記述するだけで済む．ピン変化割り込みはポート単位で有効化し，割り込みの発生もポート単位での通知になる．ピン変化割り込みでは**マスクレジスタ**も設定する必要がある．マスクレジスタは，ピン変化を検知するピンを選択するためのレジスタである．

[11] イベントループの中でイベントが起きていないかを繰り返し検査すること．

2.4.1　ピン変化割り込み関係のレジスタの設定方法

　ピン変化割り込み関係のレジスタは，PCICR（ピン変化割り込み制御レジスタ），PCMSK2/1/0（ピン変化マスクレジスタ），PCIFR（ピン変化割り込みフラグレジスタ）の3種である．各レジスタの用途は以下のとおりである．

① **PCICR（ピン変化割り込み制御レジスタ）**

　ピン変化割り込みハンドラを呼び出すかどうかを設定するためのレジスタ．

　　1. **ピン変化割り込み 2 有効/PCIE2**

　　　割り込みハンドラ ISR(PCINT2_vect) を呼び出すか否か．

　　2. **ピン変化割り込み 1 有効/PCIE1**

　　　割り込みハンドラ ISR(PCINT1_vect) を呼び出すか否か．

　　3. **ピン変化割り込み 0 有効/PCIE0**

　　　割り込みハンドラ ISR(PCINT0_vect) を呼び出すか否か．

② **PCMSK2/1/0（ピン変化マスクレジスタ）**

　ピン変化を検知するピンを選択するためのレジスタ．このレジスタで認められたピンで，ピン変化が起きるとフラグ(PCIFn)がセットされるようになる．

③ **PCIFR（ピン変化割り込みフラグレジスタ）**

　どのポートでピン変化が起きたかを表すフラグレジスタである．

　　1. **ピン変化割り込みフラグ 2/PCIF2**

　　　PORTDでピン変化が起きるとセットされる．割り込み有効化時は ISR(PCINT2_vect) が呼び出され，そのときフラグも自動的にクリアされる．ビット"1"を書き込むことで，フラグを手動でクリアできる．

　　2. **ピン変化割り込みフラグ 1/PCIF1**

　　　PORTCでピン変化が起きるとセットされる．割り込み有効化時は ISR(PCINT1_vect) が呼び出され，そのときフラグも自動的にクリアされる．ビット"1"を書き込むことで，フラグを手動でクリアできる．

　　3. **ピン変化割り込みフラグ 0/PCIF0**

　　　PORTBでピン変化が起きるとセットされる．割り込み有効化時は ISR(PCINT0_vect) が呼び出され，そのときフラグも自動的にクリアされる．ビット"1"を書き込むことで，フラグを手動でク

リアできる．

■ ピン変化割り込み関係のレジスタのビット構成

PCICR ピン変化割り込み制御レジスタ	-	-	-	-	-	PCIE2 ピン変化割り込み有効 2 (PORTD)	PCIE1 ピン変化割り込み有効 1 (PORTC)	PCIE0 ピン変化割り込み有効 0 (PORTB)
PCIFR ピン変化割り込みフラグレジスタ	-	-	-	-	-	PCIF2 ピン変化割り込みフラグ 2 (PORTD)	PCIF1 ピン変化割り込みフラグ 1 (PORTC)	PCIF0 ピン変化割り込みフラグ 0 (PORTB)
PCMSK2 ピン変化マスクレジスタ 2 (ポート D)	PCINT23 ピン変化有効化マスク 23 (PD7)	PCINT22 ピン変化有効化マスク 22 (PD6)	PCINT21 ピン変化有効化マスク 21 (PD5)	PCINT20 ピン変化有効化マスク 20 (PD4)	PCINT19 ピン変化有効化マスク 19 (PD3)	PCINT18 ピン変化有効化マスク 18 (PD2)	PCINT17 ピン変化有効化マスク 17 (PD1)	PCINT16 ピン変化有効化マスク 16 (PD0)
PCMSK1 ピン変化マスクレジスタ 1 (ポート C)	-	PCINT14 ピン変化有効化マスク 14 (PC6)	PCINT13 ピン変化有効化マスク 13 (PC5)	PCINT12 ピン変化有効化マスク 12 (PC4)	PCINT11 ピン変化有効化マスク 11 (PC3)	PCINT10 ピン変化有効化マスク 10 (PC2)	PCINT9 ピン変化有効化マスク 9 (PC1)	PCINT8 ピン変化有効化マスク 8 (PC0)
PCMSK0 ピン変化マスクレジスタ 0 (ポート B)	PCINT7 ピン変化有効化マスク 7 (PB7)	PCINT6 ピン変化有効化マスク 6 (PB6)	PCINT5 ピン変化有効化マスク 5 (PB5)	PCINT4 ピン変化有効化マスク 4 (PB4)	PCINT3 ピン変化有効化マスク 3 (PB3)	PCINT2 ピン変化有効化マスク 2 (PB2)	PCINT1 ピン変化有効化マスク 1 (PB1)	PCINT0 ピン変化有効化マスク 0 (PB0)

2.4.2 ピン変化割り込みを使ったスイッチの読み取り

EMB-88 マイコンボード上のスイッチ 1/2 の操作をピン変化割り込みで検出する．スイッチ 1/2 は PC4/5 ピンに接続されているので，それらのピンで使用するピン変化割り込み機能は PCINT12/13 である．

2.4.2.1 割り込みフラグのセット・クリアの確認

ピン変化マスクレジスタを設定すると，ピン変化の検出が始まり，ピン変化割り込みフラグがセットされるようになる．リスト 2.15 はフラグの動きだけを確認するためのプログラムである．マトリクス LED にはフラグレジスタをそのまま表示させている．ハンドラを呼び出さない場合はフラグクリアはプログラム側で行う必要があるので，プログラム側でセットされたフラグを見つけたら，しばらくおいてクリアするようにしている（図 2.19）．

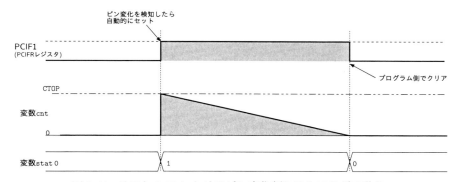

図 2.19: リスト 2.15 におけるピン変化割り込みフラグの動き

リスト 2.15: ピン変化割り込みフラグ (PCIF1) の動作確認

```c
#include <avr/io.h>
#include <avr/wdt.h>
#include <avr/interrupt.h>

#define CTOP 1000000UL

int main()
{
    unsigned char stat = 0;
    unsigned long cnt = 0;   // 32bit

    DDRB = 0xFF;
    DDRC = 0x0F;
    DDRD = 0xFE;

    PORTB = 0x00;
    PORTC = 0x30; // 入力ピンをプルアップ
    PORTD = 0x00;

    PCMSK1 = 0x30; // PCINT12/13を許可

    for (;;) {
        wdt_reset();
        PORTB = PCIFR; // フラグレジスタを表示

        switch (stat) {
        case 0: // アイドル状態
            if (PCIFR & _BV(PCIF1)) {
                cnt = CTOP;
                stat = 1;
            }
            break;
        case 1: // カウント
            cnt--;
            if (cnt == 0) {
                PCIFR = _BV(PCIF1); // フラグクリア
                stat = 0;
            }
            break;
        }
    }
    return 0;
}
```

2.4.2.2 割り込みハンドラの呼び出しの確認

フラグの動きがわかったところで，今度は割り込みハンドラの呼び出しを確認する．リスト 2.16 はスイッチ 1/2 が押されるとマトリクス LED に表示されたバーを左右にシフトさせるプログラムである．スイッチ 1 と 2 を同時押しすると表示反転もできるようにしてある．

リスト 2.16 からわかるようにピン変化割り込みを使うと，ピンの状態変化の検出をマイコンが自動的に行うようになるため，プログラムの中でピンの状態変化を繰り返し調べる処理が不要になる．

このプログラムを動かすとすぐに気がつくが，人間がスイッチを一回押しただけでも実際には数回シフトが行われる．これはチャタリングによってピン変化割り込みハンドラが繰り返し実行された結果である．ピン変化割り込みを使うかどうかにかかわらずチャタリング対策が実用上必要になるが，それでもピン変化割り込みを使うことでそのためのコードも短くできる．

リスト 2.16: ピン変化割り込みのテストプログラム

```
 1  #include <avr/io.h>
 2  #include <avr/wdt.h>
 3  #include <avr/interrupt.h>
 4
 5  ISR(PCINT1_vect)
 6  {
 7      switch (((~PINC >> 4) & 0x3) {
 8      case 0:
 9          break;
10      case 1:
11          PORTB = (PORTB >> 7) | (PORTB << 1);
12          break;
13      case 2:
14          PORTB = (PORTB << 7) | (PORTB >> 1);
15          break;
16      case 3:
17          PORTB = ~PORTB;
18          break;
19      }
20  }
21
22  int main()
23  {
24      DDRB = 0xFF;
25      DDRC = 0x0F;
26      DDRD = 0xFE;
27
28      PORTB = 0x18;
29      PORTC = 0x30; // 入力ピンをプルアップ
30      PORTD = 0x00;
31
32      PCICR = _BV(PCIE1); // ピン変化割り込み1有効
33      PCMSK1 = 0x30; // PCINT12/13を許可
34      sei(); // 割り込み受け付け開始
35
36      for (;;) {
```

```
37        wdt_reset();
38    }
39    return 0;
40
41 }
```

2.4.2.3 チャタリング対策の施し

リスト 2.16 にチャタリング対策を施したプログラムがリスト 2.17 である[12]．チャタリング対策として，ポート入力の変化をピン変化割り込みで検出したら，しばらくおいてから改めてポート入力を読み取るようにしてある（図 2.20）．時間を待つための部分は 3 状態を持つステートマシンで構成してあり，状態 0 でアイドリング，状態 1 でカウンタクリア，状態 2 で時間待ちのためのカウントダウンを行っている．ピン変化を検知すると状態 1 に移動し，チャタリング対策を開始し，チャタリングが落ち着くと状態 0 でアイドリングするという仕掛けである[13]．

[12] 割り込みハンドラ内で読み書きするグローバル変数 stat には volatile をつけてあるが，これはコンパイラに対して「cnt 変数の読み書きを最適化の対象にしないように」という指示である．

[13] 内蔵タイマの割り込み機能も，組み合わせるとステートマシンが不要になりプログラムを短くすることができる．

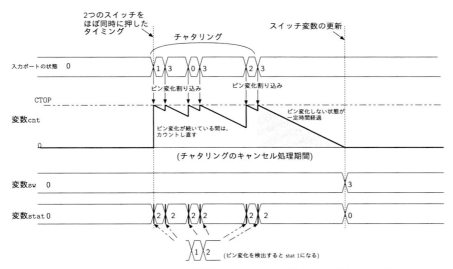

図 2.20: リスト 2.17 のチャタリング対策（スイッチ変化を検知後に，しばらくおいて改めて読み取る方法）

リスト 2.17: ピン変化割り込みを使ったスイッチの読み取り例（チャタリング対策あり）

```
1  #include <avr/io.h>
2  #include <avr/wdt.h>
3  #include <avr/interrupt.h>
4
5  #define CTOP 10000UL
6
7  volatile unsigned char stat;
8  unsigned char sw;         // スイッチ変数
9  unsigned char sw_flag;    // スイッチ変化を示すフラグ
10
11 ISR(PCINT1_vect) // ピン変化割り込みハンドラ
12 {
13     stat = 1;
14 }
15
16 void update_sw()
17 {
18     static unsigned long cnt;
19     switch (stat) {
20     case 0:
21         return;
22     case 1:
23         cnt = CTOP;
24         stat = 2;
25         return;
26     case 2:
27         cnt--;
28         if (cnt == 0) {
29             sw = ~(PINC >> 4) & 3; // 変数swを更新
30             sw_flag = 1; // フラグを立てる
31             stat = 0;
32         }
33         return;
34     }
35 }
36
37 int main()
38 {
39     DDRB = 0xFF;
40     DDRC = 0x0F;
41     DDRD = 0xFE;
42
43     PORTB = 0x18;
44     PORTC = 0x30; // 入力ピンをプルアップ
45     PORTD = 0x00;
46
47     PCICR = _BV(PCIE1);
48     PCMSK1 = 0x30;
49     sei();
50
51     for (;;) { // イベントループ
52         wdt_reset();
53         update_sw();
54         if (sw_flag) {
55             sw_flag = 0; // フラグをクリア
56             switch (sw) {
57             case 0:
58                 break;
59             case 1:
60                 PORTB = (PORTB >> 7) | (PORTB << 1);
61                 break;
```

```
62              case 2:
63                  PORTB = (PORTB << 7) | (PORTB >> 1);
64                  break;
65              case 3:
66                  PORTB = ~PORTB;
67                  break;
68          }
69      }
70  }
71      return 0;
72  }
```

演習問題

理解度を問う問題

1. ピン変化割り込みとは，どのような割り込みか答えよ．
2. リスト 2.17（68 ページ）では volatile 修飾子が使われているが，それは何のためのものか答えよ．

プログラミング問題

1. スイッチ 2 が押されたときに LED1 を点灯するようにせよ．点灯した LED1 は，しばらくしたら消えるようにプログラミングすること．
2. スイッチ 2 を押すたびに，LED1 の点灯をトグルするようにせよ．
3. スイッチ 2 を押すたびに，ブザーをしばらくの間鳴らすようにすること．

☞ **本節のまとめ**

1. 割り込みが発生すると，事前に登録した手続き（割り込みハンドラ）が呼び出される．例えば，ピン変化割り込みを有効化すると，ピンの状態が変化したタイミングでピン変化割り込みハンドラが呼び出される．割り込み処理後は，元の処理に復帰する．
2. スイッチを接続したピンに対してピン変化割り込みを使用する場合は，チャタリングが起きるので何度もピン変化割り込みハンドラが呼び出される．
3. ピン変化割り込みを使うと，ピンの変化をプログラム側で繰り返し調べる手間を省くことができる．

2.5 内蔵タイマ機能の使い方 1

これまでに紹介したプログラムでは，カウンタ変数をイベントループ内でインクリメントして，それがある値に到達した時点でアクション（例えば，LED の点灯や消灯）を起こすというものであった．その方法では実装は簡単であるが，カウント間隔を秒間隔で指定できないことに加えて，イベントループ内でのプログラムが進み方によってはカウント間隔が変動してしまうため，定期的な処理の実行には不向きである．

マイコンでは，定期的な処理を実現するためのタイマ回路が複数個内蔵されており，プログラムの進行とは独立してカウント処理できるようになっている．マイコンのタイマ機能を使う場合は，机上でタイマの周期計算を正しく行ったうえで，関連するレジスタを設定する．

タイマの周期計算に必要な情報は，システムクロック周波数，タイマ波形の形状（鋸型，山型）とその上限値（TOP 値），タイマのカウント速度（プリスケーラ設定）である．

また，タイマがあらかじめ設定しておいた比較値に到達した時点で割り込みを起こしたり，ピンの出力を変化させることもできる．タイマが比較値に到達したことを**コンペアマッチ**と言い，コンペアマッチした時点で割り込みを起こすこともできる．その割り込みを**コンペアマッチ割り込み**と言う．また，コンペアマッチした時点で特定のピン出力を変更することもできる．それを**コンペアマッチ出力**と言う．コンペアマッチ出力機能を使うことで，コンペアマッチするたびに自動的に出力レベルをトグルさせることができるので，ブザーの駆動に使用したり，接続したデバイスにクロック信号を供給したりすることもできる．また，コンペアマッチ出力機能の特殊な例として，タイマ周期を変えず，パルスの幅だけを自由に調整する PWM[14] と呼ばれる機能もある．PWM を活用することで，LED の明るさ調整やサーボモータなどを簡単に駆動させることができる．このようにマイコンのタイマ機能は複雑であるが，得られる恩恵が大きいのでぜひマスターしたい機能である．

2.5.1 タイマ関係のレジスタの設定方法

ATmega88 マイコンでは，タイマ 0, タイマ 1, タイマ 3 の 3 つのタイマ[15]が内蔵されている．この 3 つのタイマのうち，タイマ 0 とタイマ 2 は 8 ビット

[14] Pulse Width Modulation

[15] AVR のタイマはタイマ・カウンタと呼ばれるが，本書では簡単のためタイマと呼ぶことにする．

タイマ，タイマ 1 は 16 ビットタイマ[16]となっている．

タイマ n[17]に関係するレジスタは，TCNTn（カウンタ），OCRnA/B（コンペアレジスタ），TCCRnA/B/C（制御レジスタ），TIMSKn（割り込みマスクレジスタ），TIFRn（割り込み要求フラグレジスタ）などが使われる．

① **TCNTn（タイマ n のカウンタ）**

実際のカウント値が格納されるレジスタである．カウント値が上限値を超えると TIFRn レジスタのオーバーフローフラグが立つ．

② **OCRnA/B（タイマ n のコンペア A/B レジスタ）**

比較値を格納するレジスタで，タイマごとに OCRnA と OCRnB の 2 つが設けられている．このうち OCRnA は，後述の CTC モードではカウンタの上限として使用される．カウンタレジスタとコンペアマッチすると，TIFRn レジスタのコンペアマッチフラグが立つ．

③ **TCCRnA/B/C（タイマ n の制御レジスタ A/B/C）**

波形生成モード，クロック，コンペアマッチモード，を設定する．

1. **波形生成モード選択/WGMn**

    波形生成モードはノーマルモード，CTC[18]モード，PWM モードの 3 モードから選択する．

    (1) **ノーマルモード** カウンタの上限値までカウントアップを繰り返す単純なモード（図 2.21 左）．タイマ 0 とタイマ 2 では，0 から 255 まで，タイマ 1 は 0 から 65535 までのカウントアップ処理が繰り返される．

    (2) **CTC モード** 0 から OCRnA レジスタの値までのカウントアップ処理を繰り返すモード（図 2.21 右）．OCRnA レジスタにより，タイマ周期の調整が可能なモードである．

    (3) **PWM 出力モード** PWM 出力を行うモードで，出力する矩形波のデューティを変えることができる．コンペアマッチ出力

[16] 8 ビットのレジスタを 2 本連結して 16 ビットレジスタとして使用している．C コンパイラを使ってプログラミングする場合は，連結していることを意識する必要はない．

[17] n は 0,1,2 のいずれかを表すとする．

[18] Clear Timer on Compare match

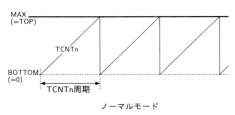
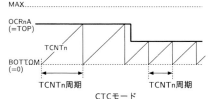

図 2.21: ノーマルモードと CTC モードの違い

モードの設定も併せて必要である.

2. **クロック選択/CSn**

使用する**プリスケーラ**を選択する．プリスケーラはカウントアップの速度を決定づけるものであり，プリスケーラを 0 にするとカウンタが停止する．値の大きなプリスケーラを用いるほど，カウントアップ速度が遅くなる．例えば，プリスケーラとして 8 を選択すると，CPU に 8 クロックサイクル入力されるごとに，カウント値が 1 増える．

3. **コンペアマッチ出力モード選択/COMnA,COMnB**

コンペアマッチ出力 A と B に関する設定．コンペアマッチ出力機能を使わない場合は，通常の GPIO ピンのままになる．

④ **TIMSKn（タイマ n の割り込みマスクレジスタ）**

コンペアマッチ割り込み A/B，オーバーフロー割り込みを有効化するか無効化するかを決定するためのレジスタ．

1. **コンペアマッチ A 割り込み有効/OCIEnA**

割り込みハンドラ ISR(TIMERn_COMPA_vect) を呼び出すか否か．

2. **コンペアマッチ B 割り込み有効/OCIEnB**

割り込みハンドラ ISR(TIMERn_COMPB_vect) を呼び出すか否か．

3. **オーバフロー割り込み有効/TOIEn**

割り込みハンドラ ISR(TIMERn_OVF_vect) を呼び出すか否か．

⑤ **TIFRn（タイマ n の割り込み要求フラグレジスタ）**

タイマ関係のイベントの発生状況を示すフラグを格納するレジスタ．

1. **コンペアマッチ A フラグ/OCFnA**

カウンタ n と比較値 A がコンペアマッチした時点でセットされる．そのとき割り込みを有効化してあるとハンドラ ISR(TIMERn_COMPA_vect) が呼ばれ，フラグが自動的にクリアされる．ビット "1" を書き込むことで，手動でのフラグクリアもできる．

2. **コンペアマッチ B フラグ/OCFnB**

カウンタ n と比較値 A がコンペアマッチした時点でセットされる．そのとき割り込みを有効化してあるとハンドラ ISR(TIMERn_COMPB_vect) が呼ばれ，フラグが自動的にクリアされる．ビット "1" を書き込むことで，手動でのフラグクリアもできる．

3. **オーバフローフラグ/TOVn**

TCNTn がオーバフローした時点でセットされる．そのとき割り

込みを有効化してあると，ハンドラ ISR(TIMERn_OVF_vect) が呼び出され，フラグがクリアされる．ビット "1" を書き込むことで，手動でのフラグクリアもできる．

■ タイマ2関係のレジスタのビット構成

TCNT2 カウンタ

OCR2B コンペアB レジスタ

OCR2A コンペアA レジスタ

TCCR2B 制御レジスタB

FOC2A	FOC2B	-	-	WGM22	CS22	CS21	CS20
(省略)	(省略)			波形生成モード選択	クロック選択		

TCCR2A 制御レジスタA

COM2A1	COM2A0	COM2B1	COM2B0	-	-	WGM21	WGM20
コンペアマッチA 出力モード選択		コンペアマッチB 出力モード選択				波形生成モード選択	

TIFR2 割り込み要求フラグレジスタ

-	-	-	-	-	OCF2B	OCF2A	TOV2
					コンペアマッチB フラグ	コンペアマッチA フラグ	オーバーフロー フラグ

TIMSK2 割り込みマスクレジスタ

-	-	-	-	-	OCIE2B	OCIE2A	TOIE2
					コンペアマッチB 割り込み有効	コンペアマッチA 割り込み有効	オーバーフロー 割り込み有効

波形生成モード選択	TOP値	WGM2
ノーマルモード	0xFF	000
CTCモード	OCR2A	010
PWM出力モード		
位相補正PWM	0xFF	001
位相補正PWM	OCR2A	101
高速PWM	0xFF	011
高速PWM	OCR2A	111

クロック選択	CS2
プリスケーラを0に設定	000
プリスケーラを1に設定	001
プリスケーラを8に設定	010
プリスケーラを32に設定	011
プリスケーラを64に設定	100
プリスケーラを128に設定	101
プリスケーラを256に設定	110
プリスケーラを1024に設定	111

コンペアマッチx 出力モード選択	COM2x
出力しない	00
ノーマルモード，CTCモード利用時	
コンペアマッチxでトグル出力	01
コンペアマッチxで出力レベルLow	10
コンペアマッチxで出力レベルHigh	11
位相補正PWM出力モード利用時	
アップカウント（ダウンカウント）中のコンペアマッチxのときは出力L(H)に	10
アップカウント（ダウンカウント）中のコンペアマッチxのときは出力H(L)に	11
高速PWM出力モード利用時	
コンペアマッチxでL，BOTTOMでH	10
コンペアマッチxでH，BOTTOMでL	11

■ タイマ1関係のレジスタのビット構成

レジスタ	bit7	bit6	bit5	bit4	bit3	bit2	bit1	bit0
TCNT1（カウンタ）								
OCR1B（コンペアBレジスタ）								
OCR1A（コンペアAレジスタ）								
TCCR1C（制御レジスタC）	FOC1A（省略）	FOC1B（省略）	-	-	-	-	-	-
TCCR1B（制御レジスタB）	ICNC1（省略）	ICES1（省略）	-	WGM13	WGM12	CS12	CS11	CS10
				波形生成モード選択		クロック選択		
TCCR1A（制御レジスタA）	COM1A1	COM1A0	COM1B1	COM1B0	-	-	WGM11	WGM10
	コンペアマッチA出力モード選択		コンペアマッチB出力モード選択				波形生成モード選択	
TIFR1（割り込み要求フラグレジスタ）	-	-	ICF1	-	-	OCF1B	OCF1A	TOV1
			（省略）			コンペアマッチBフラグ	コンペアマッチAフラグ	オーバーフローフラグ
TIMSK1（割り込みマスクレジスタ）	-	-	ICIE1	-	-	OCIE1B	OCIE1A	TOIE1
			（省略）			コンペアマッチB割り込み有効	コンペアマッチA割り込み有効	オーバーフロー割り込み有効

波形生成モード選択	TOP値	WGM1
ノーマルモード	0xFFFF	0000
CTCモード	OCR1A	0100
PWM出力モード		
位相補正PWM(8bit)	0x00FF	0001
位相補正PWM(9bit)	0x01FF	0010
位相補正PWM(10bit)	0x03FF	0011
位相補正PWM	OCR1A	1011
高速PWM(8bit)	0x00FF	0101
高速PWM(9bit)	0x01FF	0110
高速PWM(10bit)	0x03FF	0111
高速PWM	OCR1A	1111

クロック選択	CS1
プリスケーラを0に設定	000
プリスケーラを1に設定	001
プリスケーラを8に設定	010
プリスケーラを64に設定	011
プリスケーラを256に設定	100
プリスケーラを1024に設定	101

コンペアマッチx出力モード選択	COM1x
出力しない	00
ノーマルモード，CTCモード利用時	
トグル出力	01
出力レベルLow	10
出力レベルHigh	11
位相補正PWM出力モード利用時	
アップカウント（ダウンカウント）中のコンペアマッチxのときは出力L(H)に	10
アップカウント（ダウンカウント）中のコンペアマッチxのときは出力H(L)に	11
高速PWM出力モード利用時	
コンペアマッチxでL，BOTTOMでH	10
コンペアマッチxでH，BOTTOMでL	11

■ タイマ0関係のレジスタのビット構成

レジスタ	bit7	bit6	bit5	bit4	bit3	bit2	bit1	bit0
TCNT0 カウンタ								
OCR0B コンペアBレジスタ								
OCR0A コンペアAレジスタ								
TCCR0B 制御レジスタB	FOC0A (省略)	FOC0B (省略)	-	-	WGM02 波形生成モード選択	CS02 クロック選択	CS01	CS00
TCCR0A 制御レジスタA	COM0A1 コンペアマッチA出力モード選択	COM0A0	COM0B1 コンペアマッチB出力モード選択	COM0B0	-	-	WGM01 波形生成モード選択	WGM00
TIFR0 割り込み要求フラグレジスタ	-	-	ICF0 (省略)	-	-	OCF0B コンペアマッチBフラグ	OCF0A コンペアマッチAフラグ	TOV0 オーバーフローフラグ
TIMSK0 割り込みマスクレジスタ						OCIE0B コンペアマッチB割り込み有効	OCIE0A コンペアマッチA割り込み有効	TOIE0 オーバーフロー割り込み有効

波形生成モード選択	TOP 値	WGM0
ノーマルモード	0xFF	000
CTC モード	OCR0A	010
PWM 出力モード		
位相補正 PWM	0xFF	001
位相補正 PWM	OCR0A	101
高速 PWM	0xFF	011
高速 PWM	OCR0A	111

クロック選択	CS0
プリスケーラを 0 に設定	000
プリスケーラを 1 に設定	001
プリスケーラを 8 に設定	010
プリスケーラを 64 に設定	011
プリスケーラを 256 に設定	100
プリスケーラを 1024 に設定	101

コンペアマッチ x 出力モード選択	COM0x
出力しない	00
ノーマルモード，CTC モード利用時	
トグル出力	01
出力レベル Low	10
出力レベル High	11
位相補正 PWM 出力モード利用時	
アップカウント（ダウンカウント）中のコンペアマッチ x のときは出力 L(H) に	10
アップカウント（ダウンカウント）中のコンペアマッチ x のときは出力 H(L) に	11
高速 PWM 出力モード利用時	
コンペアマッチ x で L，BOTTOM で H	10
コンペアマッチ x で H，BOTTOM で L	11

2.5.2 タイマ周期の計算方法

タイマの周期 T [秒]，と周波数 F [Hz] は式 (2.1) で与えられる．

$$T = \frac{PS(TOP+1)}{F_{CPU}} \quad , \quad F = \frac{1}{T} = \frac{F_{CPU}}{PS(TOP+1)} \tag{2.1}$$

ここで，PS, TOP, F_{CPU} はそれぞれプリスケーラ値，カウンタのトップ値，システムクロック周波数 [Hz] である[19]．すべてのタイマにおいて PS 値として，0，1，8，64，256，1024 が選択可能である[20]．また，TOP は使用するタイマと，その波形生成モードの設定（ノーマルモードか CTC モード）で変動する（表 2.2）．

[19) EMB-88 のシステムクロック周波数は 8 MHz であるので，$F_{CPU} = 8 \times 10^6$ となる．
20) タイマ 2 では 32 と 128 も選択可能．

表 2.2: 各タイマにおける TOP の値

タイマ	ノーマルモードの場合	CTC モードの場合
タイマ 2	255	OCR2A レジスタの値
タイマ 1	65535	OCR1A レジスタの値
タイマ 0	255	OCR0A レジスタの値

例えば，タイマ 1（CTC モード）を使うとして，システムクロック周波数を 8MHz，OCR1A レジスタを 9999，プリスケーラを 1024 にしたときのタイマ 1 の周期 T [秒] は

$$T = 1024 \cdot \frac{10000}{8 \times 10^6} = 1.28$$

となる．また，そのときのタイマ周波数 F [Hz] は $F = 1/1.28 = 0.78125$ となる．

CTC モードでは，与えられたタイマ周期やタイマ周波数から，TOP 値，すなわち OCRnA 値を決めることが多いので，式 (2.1) を式 2.2 のように変形しておくと便利である．

$$TOP = \frac{F_{CPU}}{F \cdot PS} - 1 = T \cdot \frac{F_{CPU}}{PS} - 1 \qquad (2.2)$$

例えば，システムクロック周波数を 8 MHz，プリスケーラを 1024 に設定したときのタイマ 1（CTC モード）の周期を 0.1 [秒] にするためには，

$$\mathrm{OCR1A} = 0.1 \cdot \frac{8 \times 10^6}{1024} - 1 \simeq 780$$

とすればよい．

2.5.3 タイマの動作確認

リスト 2.18 はタイマ 1 のノーマルモードを試すプログラムである．このプログラムはマトリクス LED の左から 3 行分を OCF1B，OCF1A，TOV1 フラグの表示のために使用し，LED の右から 4 行分を TCNT1 レジスタの上位 4 ビットの表示に割り当てている．加えて，タイマ 1 がオーバーフローするとプログラムが停止するように設計してある．その状態でスイッチが押されるとオーバフローフラグだけをクリアして，タイマをリスタートさせるようになっている．

リスト 2.18 で

```
20  TCCR1A = 0x00;
21  TCCR1B = 0x0D;
```

に改変すると CTC モードに変更できる．

図 2.22 および図 2.23 は，リスト 2.18 のノーマルモードと，CTC モードに変更したプログラムの動作を示している．ノーマルモードではタイマ 1 がオーバーフローし，動作を停止するが，CTC モードではオーバーフローすることがないのでカウントが継続されていることがわかる．

2.5 内蔵タイマ機能の使い方 1

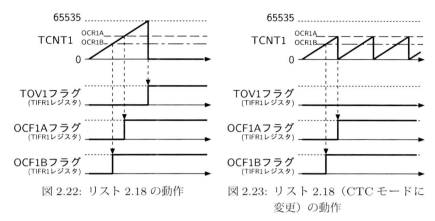

図 2.22: リスト 2.18 の動作　　図 2.23: リスト 2.18（CTC モードに変更）の動作

リスト 2.18: タイマ 1 のノーマルモードの動作確認

```
#include<avr/io.h>
#include<avr/wdt.h>

int main()
{
    DDRB = 0xFF;
    DDRC = 0x0F;
    DDRD = 0xFE;

    PORTD = 0x00;
    PORTC = 0x30; // 入力ピンをプルアップ
    PORTB = 0xFF;

    TCNT1 = 0; // カウンタクリア
    OCR1A = 50000;
    OCR1B = 30000;
    TIFR1 = 0x07; // タイマフラグを全クリア

    // タイマ 1をノーマルモード，プリスケーラ 1024で開始
    TCCR1A = 0x00;
    TCCR1B = 0x05;

    for (;;) {
        wdt_reset();

        // フラグ,カウンタの上位ビット 4ビット,の連結表示
        PORTB = (TIFR1 << 5) | (TCNT1 >> 12);

        // オーバフローを検知したらタイマを停止
        if (TIFR1 & _BV(TOV1)) {
            TCCR1B &= ~0x07; // プリスケーラ 0
        }

        if ((~PINC >> 4) & 3) { // スイッチ読み取り
            TIFR1 = _BV(TOV1); // オーバフローフラグクリア
            TCCR1B |= 0x05; // プリスケーラ 1024でタイマ開始
        }
    }
    return 0;
}
```

2.5.4 タイマ割り込みの動作確認

2.5.4.1 CTC モードでのコンペアマッチ割り込みの動作確認

リスト 2.19 はタイマ 1 を CTC モードに設定し，コンペアマッチ A 割り込みとコンペアマッチ B 割り込みを利用したプログラムである．このプログラムでは比較値 A にコンペアマッチするとコンペアマッチ A 割り込みが発生し，マトリクス LED にコンペアマッチ A 割り込み回数を 2 進数表示し，合わせて PC4 ピンの出力レベルをトグルする．また比較値 B にコンペアマッチするとコンペアマッチ B 割り込みが発生し，PC5 ピンの出力レベルをトグルする．

図 2.24 に示すように，2 つの LED の点灯周期はタイマ周期の 2 倍に等しく，位相が異なるだけである．

リスト 2.19: タイマ 1 のコンペアマッチ割り込み（A および B）の利用例

```
1  #include<avr/io.h>
2  #include<avr/wdt.h>
3  #include<avr/interrupt.h>
4
5  ISR(TIMER1_COMPA_vect)
6  {
7      PORTC ^= 0x10;
8      PORTB++;
9  }
10
11 ISR(TIMER1_COMPB_vect)
12 {
13     PORTC ^= 0x20;
14 }
15
16 int main()
17 {
18     DDRB = 0xFF;
19     DDRC = 0x3F;
20     DDRD = 0xFE;
21
22     PORTD = 0x00;
23     PORTC = 0x00;
24     PORTB = 0x00;
25
26     TCNT1 = 0; // カウンタクリア
27     OCR1A = 7812; // 比較値（チャンネルA）
28     OCR1B = 3905; // 比較値（チャンネルB）
29     TIFR1 = 0x07; // タイマフラグを全クリア
30
31     // タイマ 1をCTC モード，プリスケーラ 1024で開始
32     TCCR1A = 0x00;
33     TCCR1B = 0x0D;
34
35     TIMSK1 = _BV(OCIE1A) | _BV(OCIE1B); // COMPA/COMPB 割り込み有効
36     sei(); // システム全体の割り込み許可
37
38     for (;;) {
39         wdt_reset();
```

```
40     }
41     return 0;
42 }
```

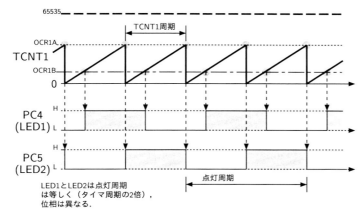

図 2.24: リスト 2.19 の動作. 灰色の部分でコンペアマッチ割り込み A/B が発生する.

2.5.4.2 ノーマルモードでの割り込みの動作確認

リスト 2.20 はタイマ 1 をノーマルモードに設定し，オーバーフロー割り込みとコンペアマッチ割り込み（A と B）を利用したプログラムである．リスト 2.20 ではコンペアマッチ割り込みが起きるたびに，フラグクリアと比較値を再設定することで定期的な割り込み（0.5 秒と 0.1 秒）を作り出している．**ノーマルモードではカウンタ周期の設定はプリスケーラ以外にできないが，フラグクリアと比較値の再設定を繰り返すことでコンペアマッチ周期[21]を作り出すことができる（図 2.25）**．

[21] カウンタオーバーフローより短い時間.

リスト 2.20: タイマ 1 のコンペアマッチ割り込み（A および B）の利用例

```
1  #include<avr/io.h>
2  #include<avr/wdt.h>
3  #include<avr/interrupt.h>
4
5  ISR(TIMER1_OVF_vect)
6  {
7      PORTC ^= 0x20; // 0.52秒ごとにオーバーフロー
8  }
9
10 ISR(TIMER1_COMPA_vect)
11 {
12     OCR1A = TCNT1 + 62499; // 今から 0.5秒後に再び割り込む
13     TIFR1 = _BV(OCF1A); // コンペアマッチA フラグクリア（重要）
14     PORTC ^= 0x10;
15 }
16
17 ISR(TIMER1_COMPB_vect)
```

```
18  {
19      OCR1B = TCNT1 + 1249; // 今から0.01秒後に再び割り込む
20      TIFR1 = _BV(OCF1B); // コンペアマッチB フラグクリア（重要）
21      PORTB++;
22  }
23
24  int main()
25  {
26      DDRB = 0xFF;
27      DDRC = 0x3F;
28      DDRD = 0xFE;
29
30      PORTD = 0x00;
31      PORTC = 0x30; // 入力ピンをプルアップ
32      PORTB = 0x01;
33
34      TCNT0 = 0; // カウンタクリア
35      TIFR0 = 0x07; // タイマフラグを全クリア
36      OCR1A = 1;
37      OCR1B = 1;
38
39      TIMSK1 = _BV(OCIE1A) | _BV(OCIE1B) | _BV(TOIE1);
40
41      // タイマ1をノーマルモード，プリスケーラ64で開始
42      TCCR1A = 0;
43      TCCR1B = 3;
44      sei(); // システム全体の割り込み許可
45
46      for (;;) {
47          wdt_reset();
48      }
49      return 0;
50  }
```

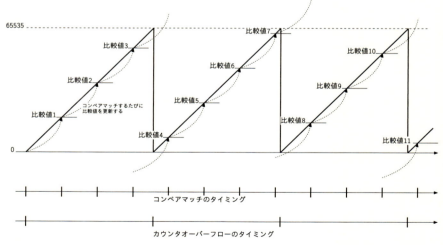

図 2.25: ノーマルモードで周期を作り出す方法（コンペアマッチで比較値を更新）

2.5.5 タイマ割り込みの活用

タイマ割り込みの基本を説明したので，次にブザーの駆動，ダイナミック点灯，スイッチのチャタリング対策にタイマ割り込みを活用する方法を説明する．

2.5.5.1 ブザーの駆動

リスト 2.21 はタイマ 2 を CTC モードに設定して，コンペアマッチ A 割り込みを用いてブザー用信号を生成するプログラムである[22]．コンペアマッチするたびにブザーの駆動信号をトグルしているので，ブザーを 1 kHz で鳴らしたい場合は，カウンタ周波数を 2 kHz に設定すればよいことになる．

リスト 2.21: タイマ割り込みを用いたブザーの制御（1 kHz）

```c
#include<avr/io.h>
#include<avr/wdt.h>
#include <avr/interrupt.h>

ISR(TIMER2_COMPA_vect)
{
    PORTD ^= _BV(PORTD3);
}

int main()
{
    DDRB = 0xFF;
    DDRC = 0x0F;
    DDRD = 0xFE;

    PORTB = 0xFF;
    PORTC = 0x00;
    PORTD = 0x00;

    TCCR2B = 0x04;
    TCCR2A = 0x02;
    TIMSK2 = _BV(OCIE2A);

    OCR2A = 62; // カウンタ周波数 (2kHz)
    OCR2B = 0;

    sei();

    for (;;) {
        wdt_reset();
    }
    return 0;
}
```

[22] 実際のところ，ブザーを単純に鳴らすだけであればコンペアマッチ割り込みは不要である．代わりに**コンペアマッチ出力機能**を使用すれば，割り込みハンドラの記述も不要になる．

2.5.5.2 ダイナミック点灯でのタイマ利用

リスト 2.22 はダイナミック点灯をタイマ割り込みで行った例である．タイマ

割り込みを利用して，2ミリ秒ごとにマトリクスLEDの点灯行の切り替えと，200ミリ秒ごとの表示パターンのローテートシフトを行っている．ここでは1つのタイマを用いて点灯行切り替えと，ローテートシフトを行っているが，それぞれ別のタイマを用いてももちろんかまわない．

リスト 2.22: タイマ割り込みを用いたダイナミック点灯

```c
#include <avr/io.h>
#include <avr/interrupt.h>
#include <avr/wdt.h>

volatile unsigned char led[8] =
    { 0x00, 0x57, 0x55, 0x77, 0x11, 0x17, 0x00, 0xFF };
volatile unsigned char mv_flag;

void update_led();

ISR(TIMER0_COMPA_vect) // 定期的な処理を記述
{
    static int cnt;
    cnt++;
    if (cnt == 100) {
        cnt = 0;
        mv_flag = 1; // 200ms ごとにセット
    }
    update_led(); // ダイナミック点灯
}

void update_led()
{
    static unsigned char sc = 0xFE;
    static unsigned char scan = 0;

    PORTB = 0; // 残像対策
    sc = (sc << 1) | (sc >> 7);
    PORTD = (PORTD & 0x0F) | (sc & 0xF0); // 上位4ビット書き換え
    PORTC = (PORTC & 0xF0) | (sc & 0x0F); // 下位4ビット書き換え
    scan = (scan + 1) & 7;
    PORTB = led[scan];
}

int main()
{
    unsigned char n;

    DDRB = 0xFF;
    DDRC = 0x0F;
    DDRD = 0xFE;

    PORTB = 0x00;
    PORTC = 0x30;
    PORTD = 0x00;

    // タイマ設定
    TCNT0 = 0;
    OCR0A = 249;
    TCCR0A = 2;
    TCCR0B = 3;
    TIMSK0 |= _BV(OCIE0A); // コンペアマッチA割り込み(2ms)

    sei();
    for (;;) {
```

```
56          wdt_reset();
57          if (mv_flag == 1) {
58              mv_flag = 0;
59              for (n = 0; n <= 7; n++) {
60                  led[n] = (led[n] << 1) | (led[n] >> 7);
61              }
62          }
63      }
64      return 0;
65  }
```

2.5.5.3 チャタリング対策でのタイマ利用

リスト 2.23 は，スイッチ操作によりマトリクス LED の表示内容が左右にローテートシフトするプログラムである（同時押しで表示反転）．

プログラム起動時にタイマ 1 はノーマルモード，PS = 1024，でスタートさせたままにしておき，常時カウントする状態で使用している．

このプログラムではスイッチ操作によってピン変化割り込みが起きると，そのハンドラの中で今から 64 ミリ秒後にコンペアマッチ A 割り込みが起きるようにタイマ 1 のコンペアレジスタ OCR1A を設定したうえで，コンペアマッチ A 割り込みを有効化する．あとは 64 ミリ秒後に起きたコンペアマッチ A 割り込みでスイッチ状態を読み取る仕組みになっている．その間にチャタリングによってピン変化が起きると，コンペアマッチ A までの時間を先延ばしにするようにしている（図 2.26）．

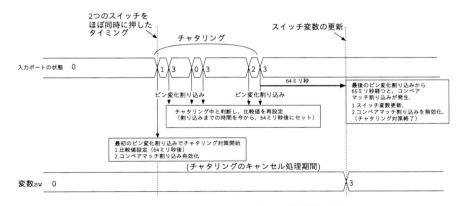

図 2.26: リスト 2.23 のチャタリング対策の様子

このように，ある割り込みの中から別の割り込みを有効化したり，無効化する方法をマスターしておけば，プログラムをより簡潔に記述できるようになる．

リスト 2.23: ピン変化割り込みとタイマ割り込みを併用したスイッチの読み取り

```c
#include<avr/io.h>
#include<avr/wdt.h>
#include<avr/interrupt.h>

volatile unsigned char sw;      // スイッチ変数
volatile unsigned char sw_flag; // スイッチ変化を示すフラグ

ISR(PCINT1_vect) // ピン変化割り込みハンドラ
{
    // チャタリング対策用
    OCR1A = TCNT1 + 500; // 比較値A 設定(今から 64ms 後)
    TIFR1 = _BV(OCF1A);  // コンペアマッチA フラグクリア
    TIMSK1 |= _BV(OCIE1A); // コンペアマッチA 割り込み有効化
}

ISR(TIMER1_COMPA_vect)
{
    // チャタリング終了と判断
    sw = ~(PINC >> 4) & 3; // 変数swを更新
    sw_flag = 1;
    TIMSK1 &= ~_BV(OCIE1A); // コンペアマッチA 割り込み無効化
}

int main()
{
    DDRB = 0xFF;
    DDRC = 0x0F;
    DDRD = 0xFE;

    PORTD = 0x00;
    PORTC = 0x30; // 入力ピンをプルアップ
    PORTB = 0x18;
    PCICR = _BV(PCIE1);
    PCMSK1 = 0x30;

    TCNT1 = 0; // カウンタクリア
    TIFR1 = 0x07; // タイマフラグを全クリア

    // タイマ 1をノーマルモード，プリスケーラ 1024で開始
    TCCR1A = 0x00;
    TCCR1B = 0x05;
    sei(); // システム全体の割り込み許可

    for (;;) {
        wdt_reset();
        if (sw_flag) {
            sw_flag = 0; // フラグをクリア
            switch (sw) {
            case 0:
                break;
            case 1:
                PORTB = (PORTB >> 7) | (PORTB << 1);
                break;
            case 2:
                PORTB = (PORTB << 7) | (PORTB >> 1);
                break;
            case 3:
                PORTB = ~PORTB;
                break;
            }
        }
    }
}
```

```
63      return 0;
64 }
```

演習問題

理解度を問う問題

1. タイマ2のノーマルモードとCTCモードの動きがわかるように下図を完成させよ（太実線の続きを描く）.

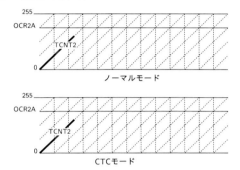

2. タイマ2を使用する．(1) システムクロック周波数を8 M[Hz], (2) プリスケーラを32, (3) 動作モードをノーマルモード, としたときのカウンタ周期を「ミリ秒」で求めよ.
3. 設問2で求めたカウンタ周期を「マイクロ秒」で示せ.
4. タイマ1をCTCモード，周期30ミリ秒で使いたい．このときプリスケーラ値を1，8，64，256，1024としたときのOCR1Aレジスタ値を計算せよ．なお，プリスケーラ値として使用できない場合はその理由も述べること．

プログラミング問題

1. 次のリストを改造し，1秒周期でピッと短く音を鳴らすようにせよ（時報）．なお，ピッという音はブザーを440 Hzで0.1秒間鳴らして作ること．

```
1  #include<avr/io.h>
2  #include<avr/wdt.h>
3  #include <avr/interrupt.h>
4
5  ISR(TIMER2_COMPA_vect)
6  {
7      PORTD ^= _BV(PORTD3);
8  }
9
```

```
10  ISR(TIMER1_COMPA_vect)
11  {
12      PORTB++;
13      TIMSK2 ^= _BV(OCIE2A);
14  }
15
16  int main()
17  {
18      DDRB = 0xFF;
19      DDRC = 0x0F;
20      DDRD = 0xFE;
21
22      PORTB = 0x00;
23      PORTC = 0x00;
24      PORTD = 0x00;
25
26      TCCR2B = 0x04;
27      TCCR2A = 0x02;
28      OCR2A = 200;
29
30      TCCR1B = 0x0D;
31      TCCR1A = 0x00;
32      OCR1A = 5000;
33      TIMSK1 = _BV(OCIE1A);
34
35      sei();
36      for (;;) {
37          wdt_reset();
38      }
39      return 0;
40  }
```

2. リスト 2.22（84 ページ）では，1 つのタイマを使ってダイナミック点灯用に 2 ミリ秒，ローテートシフトに 200 ミリ秒を作り出しているが，これを 2 つのタイマを使用するように改造せよ．

3. マトリクス LED 表示用にサイコロの目を表す 6 パターンを用意し，各パターンを 1 秒間隔で表示を切り替えること．

4. 設問 2 で作成したプログラムにおいて，パターンが切り替わった直後の 100 ミリ秒の間だけブザーを鳴らすようにすること．

5. リスト 2.23（86 ページ）を改造し，チャタリング対策をしている間だけブザーを鳴らすようにすること．

☞ **本節のまとめ**

1. マイコンには複数のタイマが搭載されている．
2. ATmega88 マイコンには 8 ビットタイマが 2 つ（タイマ 0 とタイマ 2）と，16 ビットタイマ（タイマ 1）が用意されている．
3. タイマ機能を使うと時間を正確に扱うことができる．
4. タイマ割り込みを使うと，定期的な処理を簡単に行えるようになる．

5. ピン変化割り込みとタイマ割り込みを組み合わせることで，チャタリング対策を簡単に行えるようになる．

2.6 内蔵タイマ機能の使い方2

前節では内蔵タイマの計時機能と割り込みの使い方について紹介した．本節では内蔵タイマの出力機能，つまりコンペアマッチ出力機能の使い方を紹介する．この機能を使えば割り込み処理を記述することなく，矩形波を出力することができる．また，波形生成モードをPWMモードに切り替えることで，矩形波のデューティも変更することができるようになる．

2.6.1 コンペアマッチ出力機能の利用

タイマには，コンペアマッチA/Bが起きたときにピンの出力を変える機能があり，それを**コンペアマッチ出力機能**と言う．ブザーなどの矩形波で駆動できるデバイスでは，コンペアマッチ出力機能を使うことで割り込み処理を一切記述することなく駆動できる．

ATmega88PAマイコンでは，コンペアマッチ出力対応ピンが6本あり，OCnxという名前が付けられている．ここでnはタイマ番号，xはコンペアマッチのチャンネル（AかB）を表している[23]．

コンペアマッチ出力を使うのは簡単で，制御レジスタTCCRnAレジスタの上位4ビットに位置するCOMnA/Bビットを設定するだけでよい．ノーマルモード，CTCモードではデューティ[24]は常に0.5になる（図2.27）．**デューティを0.5以外にしたい場合はPWMモードを使用する必要がある．**

なお，コンペアマッチ出力はOCnAとOCnBの2チャンネルを同時に利用可能であるが，コンペアマッチ出力を利用しなければ通常のデジタルピンとして使用できる．例えば，ブザーの駆動だけであれば，COM2B = 1，COM2A = 0とすれば，PD3はコンペアマッチ出力で使用され，PB3はそのまま通常のデジタルピンとなる．

[23] 例えば，PD3ピンはOC2Bと併記されているのでタイマ2のコンペアマッチB出力ピンとして切り替えて使用できることを表している．

[24] **デューティ**とは矩形波の1周期に対するパルス幅の比のことで，パルス幅が狭いとデューティが小さくなり，パルス幅が広いとデューティが大きくなる．

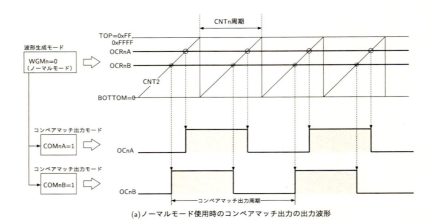

(a)ノーマルモード使用時のコンペアマッチ出力の出力波形

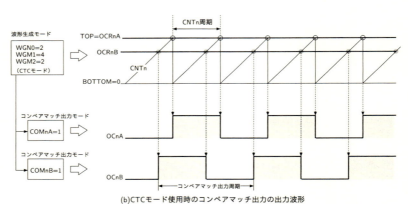

(b)CTCモード使用時のコンペアマッチ出力の出力波形

図 2.27: ノーマルモード，CTC モード利用時のコンペアマッチ出力波形

2.6.1.1　コンペアマッチ出力のトグルモードの周期計算

タイマの周期を T [秒]，その周波数を F [Hz] で表したとき，トグルモードのコンペアマッチ出力の周期 T_{COM} と周波数 F_{COM} は，それぞれ式 (2.3) と式 (2.4) で与えられる[25]．

[25) 簡単に言うとカウンタ周期の 2 倍がコンペアマッチ出力の周期になる．

$$T_{COM} = 2T = \frac{2PS \cdot (TOP+1)}{F_{CPU}} \tag{2.3}$$

$$F_{COM} = \frac{F}{2} = \frac{1}{T_{COM}} = \frac{F_{CPU}}{2PS \cdot (TOP+1)} \tag{2.4}$$

ここで，PS，TOP，F_{CPU} はそれぞれタイマのプリスケーラ値，カウンタのトップ値，システムクロック周波数 [Hz] である．またコンペアマッチ出力の周期や周波数から，TOP 値，すなわち OCRnA レジスタの値を求めるには，式 (2.3) や式 (2.4) を変形すればよい．

$$\text{OCRnA} = \frac{F_{CPU}}{F_{COM} \cdot 2PS} - 1 = T_{COM} \cdot \frac{F_{CPU}}{2PS} - 1 \tag{2.5}$$

2.6.1.2 コンペアマッチ出力 (OC2B) を使ったブザーの音程制御

本書で用いている ATmega88PA では，PD3 ピンがコンペアマッチ B 出力 OC2B に対応しており，EMB-88 ボードではブザーが接続されている．そのため，タイマ 2 の波形生成モードを WGM2 = 2 として CTC モードにし，コンペアマッチ出力モードを COM2B = 1 としてコンペアマッチ B 出力をトグルモードに設定すれば，OCR2A レジスタで設定されるタイマ周期の 2 倍の周期で矩形波が出力されるので，それでブザーを駆動できる

リスト 2.24 は，タイマ 2 のコンペアマッチ B 出力機能 (OC2B) を用いたブザーの制御プログラムで，1 k[Hz] でブザーを鳴らしている．また，その観測波形を図 2.28 に示す．このようにタイマ割り込みを使わなくても，コンペアマッチ出力機能を使えば，自動的に矩形波出力することができる．

ところでリスト 2.24 では，1 k[Hz] で出力しているが，表 2.3 や図 2.29 に記載した OCR2A レジスタの値を用いることで音階を鳴らすこともできる．それ

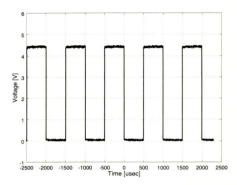

図 2.28: リスト 2.24 のプログラムの観測波形

らの図表は 440 [Hz] を基音として，**十二平均律**

$$F_{COM}^{(k)} = 440 \times 2^{\frac{k}{12}}, \quad \text{ここで } k \text{ は整数} \tag{2.6}$$

による計算結果をまとめたものである．参考までに計算例を示すと，$F_{COM}^{(0)} = 440$, $F_{COM}^{(-12)} = 220$, $F_{COM}^{(12)} = 880$ となる．

リスト 2.24: タイマのコンペアマッチ出力機能を用いたブザーの制御（1 kHz）

```
1  #include<avr/io.h>
2  #include<avr/wdt.h>
3
4  int main()
5  {
6      DDRB = 0xFF;
7      DDRC = 0x0F;
8      DDRD = 0xFE;
9
10     PORTB = 0xFF;
11     PORTC = 0x00;
12     PORTD = 0x00;
13
14     TCCR2B = 0x04;
15     TCCR2A = 0x12; // コンペアマッチB 出力有効化
16     OCR2A = 62; // カウンタ周波数（2kHz）
17     OCR2B = 0;
18
19     for (;;) {
20         wdt_reset();
21     }
22     return 0;
23 }
```

表 2.3: 音階とコンペアマッチレジスタ (OCR2A) との対応（リスト 2.24 向け）

音階	C4	D4	E4	F4	G4	A4	B4	C5	—	—
Hz	262	294	330	349	392	440	494	523	1k	2k
OCR2A	238	212	189	178	158	141	126	118	62	30

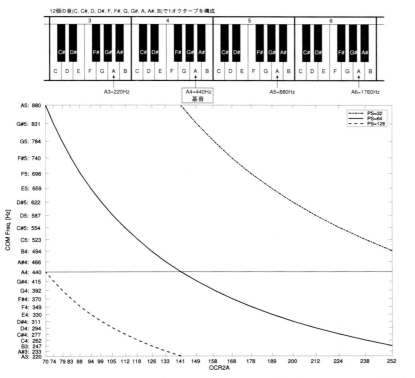

図 2.29: 音階とコンペアマッチレジスタ (OCR2A) の関係，（リスト 2.24 に対応するのは PS = 64）

2.6.2　PWM 出力モードの利用

AVR のタイマのコンペアマッチ出力機能は PWM 出力[26]にも対応している．PWM 出力モードを使うと矩形波出力のデューティを任意に設定できる．

以下，PWM 機能の使い方について紹介する．

① **PWM 出力モードの有効化方法**

PWM 出力を有効化するには，タイマ制御レジスタ (TCCRnA/B/C) で，波形生成モード (WGMn) に PWM を選択し，コンペアマッチ出力モード

[26] AVR の PWM では (1) 高速 PWM モードと，(2) 位相補正 PWM モード，(3) 位相・周波数補正 PWM モード，という 3 つのモードが利用可能で，このうち (3) はタイマ 1 でしか使えない．本書では (3) は取り上げない．

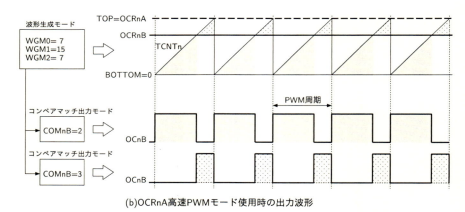

図 2.30: 8,9,10 ビット高速 PWM モード（上）と OCRnA 高速 PWM モード（下）

(COMnx)，プリスケーラ (PSn) を設定する．WGMn の設定しだいでタイマカウンタ n の波形と TOP 値が決まる．

1. PWM 波形の選択

高速 PWM モードを選択すると，タイマ波形が鋸型（図 2.30）になるのに対して，位相補正 PWM モードを選択すると山型（図 2.31）になる．後述するが，高速 PWM モードではデューティを 0 にすることはできない．

2. TOP 値の選択

タイマ 0 とタイマ 2 では，8 ビット，OCRnA のどちらかを選択する．また，タイマ 1 では 8 ビット，9 ビット，10 ビット，OCRnA

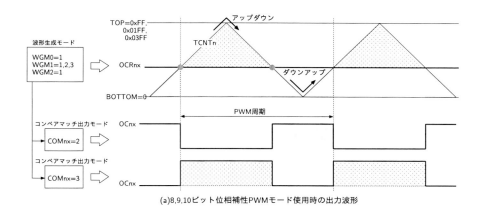
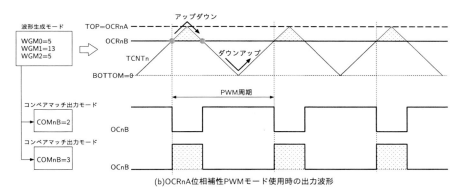

図 2.31: 8,9,10 ビット位相補正 PWM モード（上）と OCRnA 位相補正 PWM モード（下）

の中から選択する．

(1) 8 ビット，9 ビット，10 ビットの場合は，カウンタの TOP 値は，それぞれ 0xFF(= 255)，0x1FF(= 511)，0x3FF(= 1023) となり，PWM 出力が 2 系列 (OCnA と OCnB) 同時利用可能で，デューティも系列ごとに変更可能である．ただし，PWM 周期は同一になり，また PWM 周期の変更はプリスケーラによる大まかな変更のみとなる．

(2) OCRnA を選択した場合，PWM 周期を任意に設定できるが，デューティを変えられるのは OCnB に限定される．

以降，本書では PWM 波形と TOP 値の組合せに応じて，8/9/10 ビット高速 PWM，OCRnA 高速 PWM，8/9/10 ビット高速 PWM，OCRnA 位相補正 PWM，という呼び方をする．

② **PWM 周期，デューティ，パルス幅の計算方法**

PWM 周期は，タイマの波形と TOP 値，システムクロック周波数，プリスケーラ，で決定される．デューティはコンペアマッチレジスタ OCRnx で決定される．パルス幅は PWM 周期とデューティで決定される．

1. **高速 PWM モードの場合 (WGM0 $= 3$, WGM1 $= 5, 6, 7$, WGM2 $= 3$)**

   (1) 高速 PWM の周期　$T_{FPWM} = \dfrac{PS(TOP+1)}{F_{CPU}}$

   (2) デューティ
   $$D_{FPWM} = \begin{cases} \dfrac{OCRnx+1}{TOP+1} & \cdots COMnx = 2\text{ のとき} \\ 1 - \dfrac{OCRnx+1}{TOP+1} & \cdots COMnx = 3\text{ のとき} \end{cases}$$

   (3) パルス幅　$W_{FPWM} = D_{FPWM} \times T_{FPWM}$

2. **位相補正 PWM モードの場合 (WGM0 $= 1$, WGM1 $= 1, 2, 3$, WGM2 $= 1$)**

   (1) 位相補正 PWM の周期　$T_{PCPWM} = \dfrac{2PS \cdot TOP}{F_{CPU}}$

   (2) デューティ
   $$D_{PCPWM} = \begin{cases} \dfrac{OCRnx}{TOP} & \cdots COMnx = 2\text{ のとき} \\ 1 - \dfrac{OCRnx}{TOP} & \cdots COMnx = 3\text{ のとき} \end{cases}$$

   (3) パルス幅　$W_{PCPWM} = D_{PCPWM} \times T_{PCPWM}$

2.6.3　8 ビット高速 PWM(OC2A) による LED の調光

ATmega88PA では PB3 がコンペアマッチ出力 (OC2A) に対応しており，EMB-88 ではマトリクス LED の第 3 列を接続している．そこでタイマ 2 の 8 ビット高速 PWM 出力機能を用いて調光することを考える．

リスト 2.25 では PS=1，WGM2=3，COM2B=2 としており，8 ビット高速 PWM の周期は，$T_{FPWM} = \dfrac{PS(TOP+1)}{F_{CPU}} = 32 \times 10^{-6}$，つまり 32 マイクロ秒である．PWM 周波数は 31.25 k[Hz] である．明るさは PWM のデューティで決まるので，そのためには OCR2A レジスタを書き換えればよい．図 2.32（上），図 2.33 はリスト 2.25 による調光の仕組みと，観測波形をそれぞれ示す．

また，リスト 2.26 は，リスト 2.25 を改造し，定期的に OCR2A を書き換えることで段階的な明るさ変更を行うようにしたプログラムである．

2.6 内蔵タイマ機能の使い方2　　97

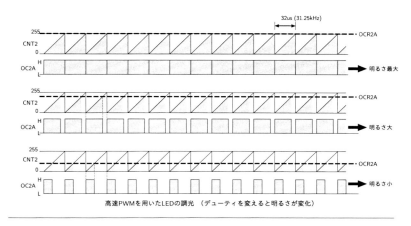

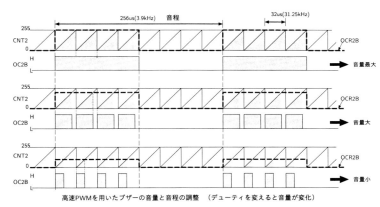

図 2.32: LED の調光（リスト 2.25）とブザーの音程・音量調整（リスト 2.27）の仕組み

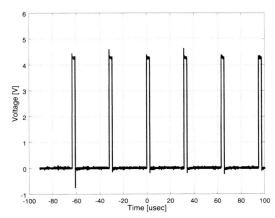

図 2.33: リスト 2.25 のプログラムによる PWM 信号の観測波形

2　組込みプログラミング入門

リスト 2.25: 8 ビット高速 PWM による LED の調光

```
1  #include <avr/io.h>
2  #include <avr/wdt.h>
3
4  int main(void)
5  {
6      DDRB = 0xFF;
7      DDRC = 0x0F;
8      DDRD = 0xFE;
9      PORTB = 0x0F;
10     PORTC = 0x00;
11     PORTD = 0x00;
12
13     TCCR2A = 0x83;
14     TCCR2B = 0x01;
15     OCR2A = 20;  // ここで明るさ調整
16
17     for (;;) {
18         wdt_reset();
19     }
20 }
```

リスト 2.26: 8 ビット高速 PWM による LED の調光（段階的な明るさ変更）

```
1  #include <avr/io.h>
2  #include <avr/wdt.h>
3  #include <avr/interrupt.h>
4
5  #define CTOP 300
6  ISR(TIMER2_OVF_vect)
7  {
8      static int cnt;
9      cnt++;
10     if (cnt > CTOP) {
11         cnt = 0;
12         if (OCR2A == 100) {
13             OCR2A = 0;
14         }
15         else {
16             OCR2A++;
17         }
18     }
19 }
20
21 int main(void)
22 {
23     DDRB = 0xFF;
24     DDRC = 0x0F;
25     DDRD = 0xFE;
26     PORTB = 0x00;
27     PORTC = 0x00;
28     PORTD = 0x00;
29
30     TCCR2A = 0x83;
31     TCCR2B = 0x01;
32     OCR2A = 20;  // ここで明るさ調整
33
34     TIMSK2 = 1 << TOIE2;
35
36     sei();
37     for (;;) {
38         wdt_reset();
39     }
```

```
40  }
```

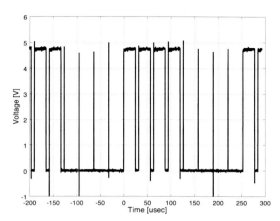

図 2.34: リスト 2.27 のプログラムによる PWM 信号の観測波形

2.6.4 8 ビット高速 PWM(OC2B) によるブザーの音程と音量調整

前節で示したように LED は PWM で調光できる．PWM をブザーに使うことで音量調整が可能である．具体的には PWM のデューティで音量を決定し，PWM 出力を定期的に停止することで音程を決定する．

AVR マイコンの 8 ビット高速 PWM ではデューティ 0 にはできない．実際，OCR2B レジスタを 0 に設定してもデューティは 0.006 となるため，信号にひげ[27]が生じる．図 2.32 下，図 2.34 はリスト 2.27 によるブザー駆動の仕組みと，観測波形をそれぞれ示す．

[27]「ひげ」とは信号に現れる本来不要な短時間のパルスのこと．

リスト 2.27: ブザーの音量調整（タイマ 2 の 8 bit 高速 PWM モードの利用）

```
1  #include <avr/io.h>
2  #include <avr/interrupt.h>
3  #include <avr/wdt.h>
4
5  volatile unsigned char tone = 4;    // 音程
6  volatile unsigned char level = 200; // 音量
7
8  ISR(TIMER2_OVF_vect)
9  {
10     static unsigned char cnt = 0;
11     cnt++;
12     if (cnt >= tone) {
13         cnt = 0;
14         OCR2B = OCR2B ? 0 : level;
15     }
16 }
17
18 int main(void)
19 {
```

```
20      DDRD = 0xFE;
21
22      TCCR2A = 0x23;
23      TCCR2B = 0x01;
24      OCR2B = 0;
25
26      TIMSK2 = 1 << TOIE2;
27
28      sei();
29      for (;;) {
30          wdt_reset();
31      }
32  }
```

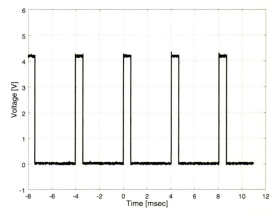

図 2.35: リスト 2.28 のプログラムによる PWM 信号の観測波形

2.6.5　8 ビット位相補正 PWM(OC1A) による LED の調光

本書で用いているマイコンボードでは PB1 がコンペアマッチ出力 (OC1A) に対応しており，マトリクス LED の第 1 列を接続している．そこでタイマ 1 の位相補正 PWM 機能を用いて，その LED を調光することを考える．リスト 2.28 はタイマ 1 の 8 ビット位相補正 PWM を用いた LED 調光例である．また，その観測波形を図 2.35 に示す．

リスト 2.28: 8 bit 位相補正 PWM の利用

```
1   #include <avr/io.h>
2   #include <avr/wdt.h>
3
4   int main(void)
5   {
6       DDRD = 0xFA;
7       DDRC = 0x0F;
8       DDRB = 0xFF;
9
10      PORTD = 0;
11      PORTC = 0;
```

```
12      PORTB = 0x0F;
13
14      // 位相補正PWM(8bit), COM, PRESCALE 64
15      TCCR1A = 0x81;
16      TCCR1B = 0x03;
17      OCR1A = 40;
18
19      for (;;) {
20          wdt_reset();
21      }
22
23      return 0;
24  }
```

演習問題

理解度を問う問題

1. タイマ1をCTCモード（トップ値OCR1A），コンペマッチA/B出力を有効としたとき下図を完成させよ（太実線の続きを描く）．

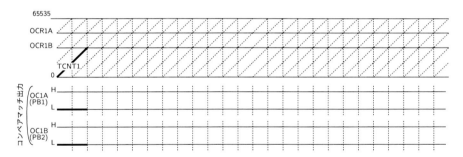

2. タイマ1をノーマルモード，コンペマッチA/B出力を有効としたとき下図を完成させよ（太実線の続きを描く）．

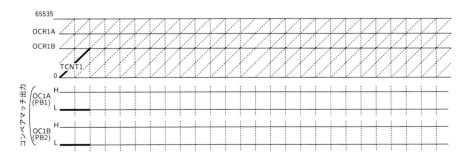

3. タイマ1のコンペアマッチ出力機能のうち，トグル出力モードを使いたい．

システムクロック周波数を 8 M[Hz]，プリスケーラを 8，動作モードを CTC モード，OCR1A を 9999，とするときのトグル出力の周波数 f [Hz] を計算せよ．
4. 設問 3 で求めたトグル出力の周波数 [Hz] を周期 [ミリ秒] に直せ．
5. タイマ 1 の PWM 機能を使用したい．システムクロック周波数を 8 M[Hz]，プリスケーラを 64，PWM モードを「9 bit 高速 PWM 出力モード」としたときの，PWM 周期 [ミリ秒] を求めよ．更に，OCR1A を 383 としたときのデューティも求めよ．デューティについては，カウンタが 0 にクリアされた時点で PWM 出力が High になり，コンペアマッチした時点で PWM 出力が Low になるものとして計算せよ．

プログラミング問題

1. リスト 2.25（98 ページ）を改造し，スイッチで明るさを調整できるようにせよ．
2. リスト 2.27（99 ページ）を改造し，スイッチで音量調整できるようにせよ．

☞ 本節のまとめ

1. コンペアマッチ出力機能を使うと，コンペアマッチに連動して信号を出力することができるようになる．
2. ノーマルモード，CTC モードでは，コンペアマッチ出力機能を有効化するとデューティ 0.5 の矩形波信号を外部デバイスに送信できるようになる．これにより，ブザーの音程制御などが簡単に行える．
3. PWM 出力機能を使うと，デューティの異なる信号を外部デバイスに送信できるようになる．

2.7　USART シリアル通信機能の使い方

(1) マイコン–PC，(2) マイコン–センサ，(3) マイコン–マイコン，の間でデータ通信を行う場合，シリアル通信がよく使われる．多くのマイコンが対応しているシリアル通信方式として，USART[28]，I2C，SPI がある．このうち，USART は古典的なシリアル通信方式であるが現在もよく使われる．本書では，

[28] Universal Synchronous and Asynchronus Receiver Transmitter.

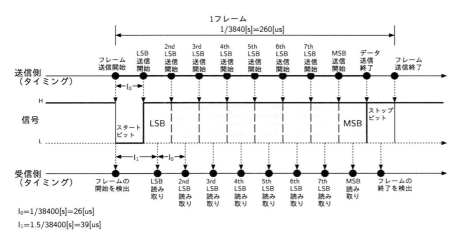

図 2.36: 非同期式通信の送受信の仕組み (38400 8N1)

AVR 内蔵の USART コントローラを利用し，PC のシリアルターミナルプログラム（以下，シリアルターミナル）との間で**非同期式通信**を行う方法を紹介する．

非同期式通信の要点は次のとおりである．

1. 送信側と受信側でタイミングを合わせるための（同期をとるための）のクロック信号線を使用しない．
2. 通信を行わないときはデータ線を High の状態にしておき，送信側が通信を開始するときにスタートビット (Low) を送る．これにより，受信側で通信開始を知ることができる．
3. 送信側と受信側の両方で**ボーレート** (baud rate)[29]と呼ばれる転送速度と，データフレーム形式（データビット数，**パリティ**の有無，**ストップビット**の数など）を揃える必要がある．ストップビットとはフレームの終了を通知するために付けるビットで常に High である．
4. 1 つのデータは LSB（最下位ビット）から順番に転送される．

非同期式通信では，通信速度やデータフレーム形式を事前に決めておいて，送信側と受信側はそれに従う必要がある．**送信側と受信側とのどちらかが，その取り決めを守らなかった場合は正しく通信が行われない．**

図 2.36 は 38400 8N1[30]とした場合の通信を示したものである．ビットレートが 38400bps であるので，1 ビットを表す信号の幅は $\frac{1}{38400} = 2.6 \times 10^{-5}$ 秒，つまり 26 マイクロ秒である．また，10 ビットで 1 フレームを構成するので，最大

[29] ボーレートとは 1 秒間にデジタル信号をアナログ信号に変調する回数のことであるが，シリアル通信の場合はビットレート（1 秒間に転送されるビット数）と等しい．

[30] 「ボーレート 38400bps，データ 8 ビット，パリティビット無し，ストップビット 1 個」のこと．

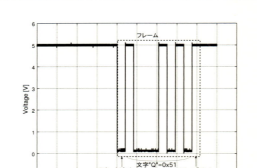

図 2.37: オシロスコープで観測した信号波形（文字 Q，ASCII コードでは 0x51）．通信設定は 38400 8N1

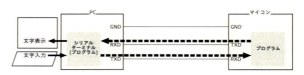

図 2.38: シリアルターミナルを使ったマイコンと PC の通信

$\frac{38400}{10} = 3840$ [フレーム/秒] 転送できることがわかる．伝送されるデータ[31]は 3840 [バイト/秒] になる．受信側のフレーム読み取りのタイミングは，スタートビットを検出した $\frac{1.5}{38400} = 3.9 \times 10^{-5}$ 秒，つまり 39 マイクロ秒後から，26 マイクロ秒間隔でデータを読み取ればよい．

参考までに文字 Q（ASCII コードで 0x51）を伝送したときの観測波形を図 2.37 に示しておく．

[31] スタートビット，パリティビット，ストップビットを除いたデータ本体．

2.7.1　シリアルターミナルを使ったマイコンとの通信

ATmega88PA マイコンの場合，PD0 ピンに USART の RXD（データ受信機能），PD1 ピンに TXD（データ送信機能）が関連付けられている．本書ではマイコンと PC の通信には，シリアルターミナルを使う（図 2.38）．シリアルターミナルを使うと，入力した文字（ASCII コード）がそのままマイコン側に送信され，マイコンから送られてきた文字列がそのままシリアルターミナルに表示される．

改行コード（表 2.4）については注意が必要である．まず，⏎ をタイプしたときにマイコン側に送られるコードは，シリアルターミナルの実装によって異なる．本書では PC で ⏎ を押すと，CR(0x0D) が送られるものとする．

表 2.4: 改行コード

ASCII コード	16 進コード	C 言語
CR（キャリッジリターン）	0x0D	\r
LF（ラインフィード）	0x0A	\n
CR, LF	0x0D, 0x0A	\r\n

反対にマイコンから改行コードが PC に送られると，シリアルターミナル側のカーソルが移動するが，その動きもシリアルターミナルの実装によって異なる．本書では，マイコンから LF が送られた場合はカーソルを1つ下に移動，CR が送られた場合はカーソルを行頭に移動するものとする．

2.7.2　USART 関係のレジスタの設定方法

AVR マイコンでは，USART コントローラ関連のレジスタを適切に設定することで簡単にシリアル通信を行うことができる．USART 関係のレジスタは UDR0（データレジスタ），UBRR0（ボーレートレジスタ），UCSR0A/B/C（制御・ステータスレジスタ）の3種である．

① **UDR0（データレジスタ）**

送受信データを格納するためレジスタ．送信したいデータをこのレジスタに格納すると，送信用シフトレジスタに自動的にコピーされ，フレームの送信が開始される．また，シリアル受信されたデータが格納されるレジスタでもある．**全二重通信**[32]を実現するために，内部的には**送信用 UDR0 レジスタ**と**受信用 UDR0 レジスタ**が独立して用意されている[33]．受信側は2バイトの FIFO で構成されており，データの取りこぼしを防ぐことができる．

② **UBRR0（ボーレートレジスタ）** .... 16 ビットレジスタを設定するためのレジスタである．(1) 同期式通信／非同期式通信，(2) 通常／倍速モード，に応じて設定値の計算方法が異なる．データシートによれば，非同期式・通常モード，ボーレートを brt とすると設定値計算は次のとおりである．

[32] 送信と受信の両方を同時に行うこと．

[33] プログラムでは代入文の左辺に UDR0 と書けば送信用データレジスタを指定したことになる．また，代入文の右辺に UDR0 と書けば受信用データレジスタを指定したことになる．

$$\mathrm{UBRR0} = \frac{F_{CPU}}{16 \cdot brt} - 1 \qquad (2.7)$$

③ **UCSR0A/B/C（制御・ステータスレジスタ A/B/C）**

このレジスタにより，送受信器の有効化，通信速度やフレーム，割り込みなどの制御と，送受信機の状態や各種フラグを格納するステータスを確認することができる．

1. **送信器有効/TXEN0**

    送信回路に電力を供給し，送信できるようにする．

2. **受信器有効/RXEN0**

    受信回路に電力を供給し，受信できるようにする．

3. **通信方式・速度の設定**

    (1) **USART モード選択/UMSEL0** 非同期式 USART，同期式 USART，マスター SPI，から選ぶ．

    (2) **倍速モード/U2X0** 使用するか，使用しないか，を選ぶ．

4. **フレーム形式の設定**

    (1) **パリティ選択/UPM0** パリティ無し，偶数パリティ，奇数パリティ，から選ぶ．

    (2) **キャラクタサイズ選択/UCSZ0** 1 フレームに含まれるデータのビット数を，5，6，7，8，9 から選ぶ．

    (3) **ストップビット選択/USBS0** ストップビットの数を 1 個とするか 2 個とするかを選択する．

5. **フラグ**

    (1) **受信完了フラグ/RXC0** データの受信が完了するとこのフラグがセットされ，UDR0 レジスタから受信データを取り出せるようになる．**データを取り出すと自動的にクリア**される[34]．割り込み有効化時は，ISR(USART_RX_vect) が呼び出される．

    (2) **送信完了フラグ/TXC0** 送信用シフトレジスタからフレームデータを送信し終えるとセットされる．割り込み有効化時は ISR(USART_TX_vect) が呼び出され，そのとき自動的にクリア

[34] RXC0 フラグはハンドラを呼び出してもクリアされない．

される．ビット"1"を書き込んで手動でのクリアもできる．

   (3) 送信データレジスタ空きフラグ/UDRE0　送信用データレジスタに書き込めるかどうかを示すフラグで，書き込めるときはセットされた状態，書き込めないときはクリアされた状態になる．割り込み有効化時は ISR(USART_UDRE_vect) が呼び出される[35]．

6. **割り込みの設定**

   (1) 受信完了割り込み有効/RXCIE0

   割り込みハンドラ ISR(USART_RX_vect) を呼び出すか否か．

   (2) 送信完了割り込み有効/TXCIE0

   割り込みハンドラ ISR(USART_TX_vect) を呼び出すか否か．

   (3) 送信データレジスタ空き割り込み有効/UDRIE0

   割り込みハンドラ ISR(USART_UDRE_vect) を呼び出すか否か．

7. **エラー検出ビット**　フレームエラー，データオーバラン（受信バッファあふれ），パリティエラー，を示すビット．

[35] UDRE0 フラグはハンドラを呼び出してもクリアされない．UDRE0 フラグがセットされている間はハンドラの実行が終わっても，再びハンドラが呼び出されることになる．ハンドラを呼び出すのをやめさせるには，割り込みを無効化するしかない．

USART 関係のレジスタのビット構成

レジスタ	bit7	bit6	bit5	bit4	bit3	bit2	bit1	bit0
UDR0 データレジスタ								
UBRR0 ボーレートレジスタ	-	-	-	-				
UCSR0C 制御・ステータスレジスタC	UMSEL01 USARTモード選択	UMSEL00	UPM01 パリティモード選択	UPM00	USBS0 ストップビット選択	UCSZ01 キャラクタサイズ選択	UCSZ00	UCPOL0 クロック極性
UCSR0B 制御・ステータスレジスタB	RXCIE0 受信完了割り込み有効	TXCIE0 送信完了割り込み有効	UDRIE0 送信データレジスタ空き割り込み有効	RXEN0 受信器有効	TXEN0 送信器有効	UCSZ02	RXB80 受信データビット(9bit)	TXB80 送信データビット(9bit)
UCSR0A 制御・ステータスレジスタA	RXC0 受信完了フラグ	TXC0 送信完了フラグ	UDRE0 送信データレジスタ空きフラグ	FE0 フレームエラー検出ビット	DOR0 データオーバラン検出ビット	UPE0 パリティエラー検出ビット	U2X0 倍速転送モード	MPCM0 マルチプロセッサ通信モード

USART モード選択	UMSEL0
非同期 USART	00
同期 USART	01
マスター SPI	11

パリティモード選択	UPM0
なし	00
偶数パリティ	10
奇数パリティ	11

ストップビット選択	USBS0
1 ビット	0
2 ビット	1

キャラクタサイズ選択	UCSZ0
5 ビット	000
6 ビット	001
7 ビット	010
8 ビット	011
9 ビット	111

2.7.3 EMB-88 マイコンボードを使った USART 通信

EMB-88 マイコンボードを使って，PC と AVR マイコン間で USART 通信を行う．AVR マイコンに書き込むユーザプログラムの中では，通信速度やフレーム形式を HEX ファイルダウンローダが使用する 38400 8N1 に合わせなくてもかまわないが（例えば，ボーレートを 4800 bps に落とすなど），そうしてしまうとプログラムを書き込むときと走らせるときで，PC 側のシリアルポートの設定も併せて変更しなければならず面倒である．本書ではそのような面倒をさけるため，ユーザプログラムも HEX ファイルダウンローダと同じ 38400 8N1 という設定で使用することとする．

2.7.4 送受信の確認

2.7.4.1 エコーバック（ブロッキング IO）

リスト 2.29 は，PC から受け取った 1 バイトデータをそのまま単純に PC に送り返すプログラムである．シリアルターミナルで 1 文字タイプするたびに，マイコンからそのまま送り返されてくる（図 2.39）．

図 2.39: マイコンからエコーバックされてきた文字列．画面は Linux の gtkterm.

このプログラムでは受信するまで待って，その後，送信バッファが空くのを待って送信する流れになっている．受信待ち部分は，関係するフラグ（UCSR0A レジスタ内の RXC0）を繰り返しチェックしているので，プログラムの流れがそこでブロックされてしまい他の処理ができなくなる．

送信バッファ空きを待つ部分でも，関係するフラグ（UCSR0A レジスタ内の UDRE0）を繰り返しチェックしているが，このプログラムでは送信器を他で使っていないので，ここでブロックされる時間はない（単なる作法としての記述に過ぎない）．

リスト 2.29: エコーバック（ブロッキング IO）

```
#include <avr/io.h>
#include <avr/wdt.h>

#define BAUD 38400

int main(void)
{
    char c;

    DDRD = 0xFE;
    DDRC = 0x3F;
    DDRB = 0xFF;

    PORTD = 0x00;
    PORTC = 0x00;
    PORTB = 0x00;

    /* 通信速度設定 */
```

```
19      UBRR0 = (F_CPU >> 4) / BAUD - 1;
20      UCSR0A = 0;
21
22      /* データ 8 ビット, パリティなし, ストップビット 1 個 */
23      UCSR0C = 0x06;
24
25      /* 送受信有効化 */
26      UCSR0B = _BV(RXEN0) | _BV(TXEN0);
27
28      for (;;) {
29          wdt_reset();
30
31          /* 受信待ち */
32          while ((UCSR0A & _BV(RXC0)) == 0) {
33              wdt_reset();
34          }
35          c = UDR0; // 受信データ取り出し
36
37          /* 送信バッファ空きを待つ */
38          while ((UCSR0A & _BV(UDRE0)) == 0) {
39              wdt_reset();
40          }
41          UDR0 = c; // 送信バッファへ書き込む (エコーバック)
42
43          PORTB++; // エコーバック回数をマトリクス LED に表示
44      }
45      return 0;
46  }
```

2.7.4.2 エコーバック（ノンブロッキング IO）

リスト 2.30 はリスト 2.29 を改造し，ブロックしないようにしたプログラムである．シリアルポートの IO でプログラムの流れが止まることがないので，マイコンで他の処理をすることが可能である．

リスト 2.30: エコーバック（ノンブロッキング IO）

```
1  #include <avr/io.h>
2  #include <avr/wdt.h>
3
4  #define BAUD 38400
5
6  int main(void)
7  {
8      unsigned char c, recv_flag = 0;
9
10     DDRD = 0xFE;
11     DDRC = 0x0F;
12     DDRB = 0xFF;
13
14     PORTD = 0x00;
15     PORTC = 0x30;
16     PORTB = 0x00;
17
18     /* 通信速度設定 */
19     UBRR0 = (F_CPU >> 4) / BAUD - 1;
20     UCSR0A = 0;
21
```

```
22      /* データ 8ビット,パリティなし,ストップビット 1個 */
23      UCSR0C = 0x06;
24
25      /* 送受信有効化 */
26      UCSR0B = _BV(RXEN0) | _BV(TXEN0);
27
28      for (;;) {
29          wdt_reset();
30
31          /* データを受信したら,マトリクスLED に表示する */
32          if (UCSR0A & _BV(RXC0)) {
33              c = UDR0;
34              recv_flag = 1;
35          }
36
37          if (recv_flag && (UCSR0A & _BV(UDRE0))) {
38              recv_flag = 0;
39              UDR0 = c;
40              PORTB++;
41          }
42
43      }
44      return 0;
45  }
```

2.7.5 USART 割り込みの動作確認

2.7.5.1 エコーバック（割り込み）

割り込みでエコーバックするプログラムをリスト 2.31 に示す．割り込みを使うとフラグの検査をマイコン側に任せることができるので，プログラムがかなり簡単に記述できる．

リスト 2.31: エコーバックを割り込みで行う

```
1  #include <avr/io.h>
2  #include <avr/wdt.h>
3  #include <avr/interrupt.h>
4
5  #define BAUD 38400
6
7  volatile unsigned char c;
8
9  ISR(USART_UDRE_vect)
10 {
11     UDR0 = c;
12     UCSR0B &= ~_BV(UDRIE0); // 空き割り込み無効化
13 }
14
15 ISR(USART_RX_vect)
16 {
17     PORTB++;
18     c = UDR0;
19     UCSR0B |= _BV(UDRIE0); // 空き割り込み有効化
20 }
21
```

```c
22  int main(void)
23  {
24      DDRD = 0xFE;
25      DDRC = 0x3F;
26      DDRB = 0xFF;
27  
28      PORTD = 0x00;
29      PORTC = 0x30;
30      PORTB = 0x00;
31  
32      /* 通信速度設定 */
33      UBRR0 = (F_CPU >> 4) / BAUD - 1;
34      UCSR0A = 0;
35  
36      /* データ 8ビット, パリティなし, ストップビット 1個 */
37      UCSR0C = 0x06;
38  
39      /* 送受信の有効化, 受信割り込み有効化 */
40      UCSR0B = _BV(RXCIE0) | _BV(RXEN0) | _BV(TXEN0);
41  
42      sei();
43  
44      for (;;) {
45          wdt_reset();
46      }
47      return 0;
48  }
```

2.7.5.2 スイッチ状態の送信

タイマ割り込みで定期的にスイッチ状態を読み取ってシリアル送信するようにしたプログラムをリスト 2.32 に示す．また，その実行の様子を図 2.40 に示す．

図 2.40: マイコンから定期的に送られるスイッチ情報

リスト 2.32: タイマ割り込みを使用した定期的なデータ送信

```c
1  #include <avr/io.h>
2  #include <avr/wdt.h>
3  #include <avr/interrupt.h>
4  
5  #define BAUD 38400
6  
7  volatile unsigned char c;
8  
9  /* 定期的にスイッチ情報状態をPC に送信する */
```

```
10  ISR(TIMER1_COMPA_vect)
11  {
12      c = ((~PINC >> 4) & 3) + 0x30;  // スイッチ状態をASCIIコードに直す
13      UCSR0B |= _BV(UDRIE0);  // 空き割り込み有効化
14  }
15
16  ISR(USART_UDRE_vect)
17  {
18      UDR0 = c;
19      UCSR0B &= ~_BV(UDRIE0);  // 空き割り込み無効化
20  }
21
22  int main(void)
23  {
24      DDRD = 0xFE;
25      DDRC = 0x0F;
26      DDRB = 0xFF;
27
28      PORTD = 0x00;
29      PORTC = 0x30;
30      PORTB = 0x00;
31
32      /* 通信速度設定 */
33      UBRR0 = (F_CPU >> 4) / BAUD - 1;
34      UCSR0A = 0;
35
36      /* データ 8ビット, パリティなし, ストップビット 1個 */
37      UCSR0C = 0x06;
38
39      /* 送信器の有効化 */
40      UCSR0B = _BV(TXEN0);
41      sei();
42
43      /* タイマ割り込みの設定 */
44      OCR1A = 3000;
45      TCCR1A = 0x00;
46      TCCR1B = 0x0D;
47      TIMSK1 = _BV(OCIE1A);  // COMP A 割り込み有効
48
49      for (;;) {
50          wdt_reset();
51      }
52      return 0;
53  }
```

2.7.6 バッファの利用

データの送受信は，メモリアクセスに比べて時間がかかるため，その間アプリケーションの実行をブロックさせることは好ましくない．そこで，図2.41に示すように，アプリケーションの処理とデータの送受信処理とは，互いに独立させておき，両者の間には送受信バッファを設ける方法がよく採られる．アプリケーション側からデータ送信したい場合は，そのデータを送信バッファに書き込むだけにして，あとは送信専用処理に任せればよい．また，受信したデータは受信専用処理によって自動的にあらかじめ用意した受信バッファに蓄積されるようにし

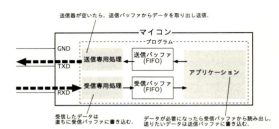

図 2.41: アプリケーションの処理と送受信処理の分離

ておき，あとはアプリケーションが必要なときに必要な分だけ読み出して使えるようにしておけばよい．

送受信バッファはマイコンに内蔵されていることもあるが，バッファサイズが小さいこともあるので本書ではソフトウェアにより実装する方法を紹介する．

2.7.6.1 簡単なバッファ

まず簡単なバッファの使用例を紹介する．リスト 2.33 は，ブザーの音程制御用のトグル出力の周波数を PC 側で自由に変更できるようにしたプログラムである．シリアル通信でマイコンに送られてくる数字列を文字列用バッファに格納していき，\r が送られてきた時点で，文字列数値変換を行って，得られた数値を OCR2A に書き込むプログラムである．例えば，シリアルターミナルで 1 4 1 ↵ の順にタイプすると，OCR2A レジスタが 141 にセットされ，その結果として 440 Hz の音が再生される．

リスト 2.33: USART 通信時の受信用バッファの利用例

```c
#include<avr/io.h>
#include<avr/wdt.h>
#include<avr/interrupt.h>
#include<stdlib.h> // atoi

#define BAUD 38400
#define N 8 // バッファサイズ

/* 文字受信割り込み */
ISR(USART_RX_vect)
{
    static char buf[N];     // 文字バッファ
    static int n = 0;       // 文字バッファ中のデータ数

    buf[n] = UDR0;
    n++;
    if (N <= n) {
        n = 0;
        return;
    }
    if (buf[n - 1] == '\r') {
        PORTB = OCR2A = atoi(buf);
```

```
23          n = 0;
24      }
25  }
26
27  int main(void)
28  {
29      DDRD = 0xFE;
30      DDRC = 0x0F;
31      DDRB = 0xFF;
32
33      PORTD = 0x00;
34      PORTC = 0x30;
35      PORTB = 0x00;
36
37      /* 通信速度設定 */
38      UBRR0 = (F_CPU >> 4) / BAUD - 1;
39      UCSR0C = 0x06;
40
41      // 受信(割り込み)
42      UCSR0B = _BV(RXCIE0) | _BV(RXEN0);
43
44      // タイマ 2(CTC,COM)
45      TCCR2B = 0x44;
46      TCCR2A = 0x12;
47      OCR2A = 0;
48
49      sei();
50      for (;;) {
51          wdt_reset();
52      }
53      return 0;
54  }
```

2.7.6.2 リングバッファ

　バッファリングの際，メモリを効率的に使用してデータをできるのがリングバッファである．リングバッファはリング状に構成したバッファのことで，動画像や音声データのバッファリングなどにも広く使われている．表 2.5 にリングバッファの動作例を示す．リングバッファの振舞いは，read() で 1 文字読み出し，write() で 1 文字書き込みである．同表において，buf はリングバッファとして使うメモリ領域，r, w, n, は，次に読み出す場所，次に書き出す場所，リングバッファ内の有効なデータ数，をそれぞれ表している．リングバッファの場合，buf[7] の次の位置は buf[0] として見ることに注意する．

　リスト 2.34 およびリスト 2.35 は送受信用の 2 つのリングバッファを読み書きするプログラムである．バッファが満杯で書き込めない場合や，バッファが空で読み出せない場合に対応できるようにしてある．

　このリングバッファを利用した例がリスト 2.36 である．リスト 2.36 では，一定時間ごとに受信リングバッファから 1 文字取り出して，その文字に応じてブ

表2.5: リングバッファの操作例

操作 (read/write)	操作後のバッファ	buf 0	1	2	3	4	5	6	7	r	w	n
0 ------										0	0	0
1 write(X)	X	X									1	1
2 write(Y)	X,Y		Y								2	2
3 write(X)	X,Y,Z			Z							3	3
4 read()→X	Y,Z									1		2
5 write(A)	Y,Z,A				A						4	3
6 write(L)	Y,Z,A,L					L					5	4
7 write(P)	Y,Z,A,L,P						P				6	5
8 write(H)	Y,Z,A,L,P,H							H			7	6
9 read()→Y	Z,A,L,P,H									2		5
10 read()→Z	A,L,P,H									3		4
11 read()→A	L,P,H									4		3
12 write(A)	L,P,H,A								A		0	4
13 write(B)	L,P,H,A,B	B									1	5
14 write(E)	L,P,H,A,B,E		E								2	6
15 write(T)	L,P,H,A,B,E,T				T						3	7
16 write(A)	L,P,H,A,B,E,T,A					A					4	8
17 read()→L	P,H,A,B,E,T,A									5		7
18 read()→P	H,A,B,E,T,A									6		6
19 read()→H	A,B,E,T,A									7		5
20 read()→A	B,E,T,A									0		4
21 read()→B	E,T,A									1		3
22 write(G)	E,T,A,G						G				5	4

配列中の灰色に塗られた領域は有効データを格納している場所を表す.

ザーの音程を変えるようにしている. 想定する文字は "1" から "8" である. 短時間の間にタイプするキーが多いとバッファに入らないこともこのプログラムで確認できる.

リスト 2.34: 送受信用リングバッファ (ringbuf.h)

```
1  #ifndef RINGBUF_H
2  # define RINGBUF_H
3
4  # define N 8
5          // リングバッファサイズ
6
7  int rx_read(char *);
8  int rx_write(char);
9  int tx_read(char *);
10 int tx_write(char);
11
12 #endif
```

リスト 2.35: 送受信用リングバッファ (ringbuf.c)

```
1  #include"ringbuf.h"
2
3  struct ringbuffer
4  {
5      char buf[N];    // バッファ
6      int n;          // リングバッファ中のデータ数
7      int w;          // 次にデータを書き込む場所
8      int r;          // 次にデータを読み出す場所
9  };
10
11 static int write(struct ringbuffer *rb, char v)
12 {
13     if (N <= rb->n)
14         return 1; // データ満杯
15     rb->n++;
16     rb->buf[rb->w++] = v;
17     if (rb->w == N)
18         rb->w = 0;
19     return 0;
20 }
21
22 static int read(struct ringbuffer *rb, char *vp)
23 {
24     if (rb->n <= 0)
25         return 1; // データ空
26     rb->n--;
27     *vp = rb->buf[rb->r++];
28     if (rb->r == N)
29         rb->r = 0;
30     return 0;
31 }
32
33
34 /* * * * * * * * * * * * * * */
35 static struct ringbuffer fifo1; // 受信用リングバッファ
36 static struct ringbuffer fifo2; // 送信用リングバッファ
37
38 int rx_read(char *vp)
39 {
40     return read(&fifo1, vp);
41 }
42
43 int rx_write(char v)
44 {
45     return write(&fifo1, v);
46 }
```

```
47
48  int tx_read(char *vp)
49  {
50      return read(&fifo2, vp);
51  }
52
53  int tx_write(char v)
54  {
55      return write(&fifo2, v);
56  }
```

リスト 2.36: 送受信用リングバッファの利用例 (rb_demo.c)

```
1   #include<avr/io.h>
2   #include<avr/wdt.h>
3   #include<avr/interrupt.h>
4
5   #include "ringbuf.h"
6   #define BAUD 38400
7
8   /* * * * * * * * * 受信専用処理 * * * * * * * * * * * */
9   ISR(USART_RX_vect)
10  { /* 文字受信割り込み */
11      char c;
12      c = UDR0;
13      if (!rx_write(c)) { // 受信リングバッファに移す書き込む
14          PORTB = (PORTB << 1) | 1; // バッファ状態を表示
15      }
16  }
17
18  /* * * * * * * * * 送信専用処理 * * * * * * * * * * * */
19  ISR(USART_UDRE_vect)
20  { /* 送信データレジスタ空き割り込み */
21      char c;
22      if (!tx_read(&c)) { // 送信リングバッファから取り出す
23          UDR0 = c; // 送信
24      }
25      else {
26          UCSR0B &= ~_BV(UDRIE0); // 空き割り込み無効化
27      }
28  }
29
30  /* * * * * * * * * アプリケーション * * * * * * * * * */
31
32  ISR(TIMER1_COMPA_vect)
33  {
34      char x;
35      char tone[] = { 238, 212, 189, 174, 158, 141, 126, 118 };
36
37      OCR2A = 0;
38      if (!rx_read(&x)) { // 受信リングバッファから取り出す
39          UCSR0B |= _BV(UDRIE0); // 空き割り込み有効化
40          PORTB >>= 1;
41
42          if ((x >= '1') && (x <= '8')) {
43              OCR2A = tone[x - '1'];
44              tx_write(x); // 送信リングバッファに書き込む
45          }
46          else {
47              tx_write('*');
48          }
49      }
50  }
```

```c
51
52  int main(void)
53  {
54      DDRD = 0xFE;
55      DDRC = 0x0F;
56      DDRB = 0xFF;
57
58      PORTD = 0x00;
59      PORTC = 0x30;
60      PORTB = 0x00;
61
62      /* 通信速度設定 */
63      UBRR0 = (F_CPU >> 4) / BAUD - 1;
64      UCSR0A = 0;
65
66      /* データ8ビット,パリティなし,ストップビット1個 */
67      UCSR0C = 0x06;
68      UDR0 = 0;
69
70      /* 送受信の有効化,受信割り込み有効化 */
71      UCSR0B = _BV(RXCIE0) | _BV(RXEN0) | _BV(TXEN0);
72
73      // タイマ1(定期割り込み用)
74      TCNT1 = 0;
75      OCR1A = 2000;  // 比較値(チャンネルA)
76      TCCR1A = 0x00;
77      TCCR1B = 0x0D;
78      TIMSK1 = _BV(OCIE1A);  // COMP A 割り込み有効
79
80      // タイマ2(ブザー用)
81      TCCR2B = 0x04;
82      TCCR2A = 0x12;
83      OCR2B = OCR2A = 0;
84
85      sei();
86
87      for (;;) {
88          wdt_reset();
89      }
90      return 0;
91  }
```

演習問題

理解度を問う問題

1. AVRマイコンのUSART機能を使って通信(非同期・通常モード)を行いたい.ボーレートを38400 bpsとし,システムクロック周波数を8 MHzとしたときの,UBRR0レジスタをどう設定すればよいか答えよ.

2. USARTでデータ送信を行いたい.ボーレートを38400 bps,データ8ビット,パリティビットなし,ストップビット1個,とすると,1秒間で最大何フレームを送信できるか.

3. 1秒間にASCIIコードで最大4000文字を送りたい．データ8ビット，パリティビットなし，ストップビット1個とすると，要求を満足する最低のボーレートはいくつか（300, 600, 1200, 2400, 4800, 9600, 19200, 38400, 57600, 115200から選択）．ASCIIコードの1文字は8ビットとして考えること（最上位ビットは常に0で，残り7ビットが各文字のコード）．

プログラミング問題

1. ピン変化割り込みが起きたら，スイッチ情報を読み取って，それをシリアル送信するプログラムを作成せよ．以下のヒントを参考に作成すること．
   (a) ピン変化割り込みの中で，USART送信バッファ空き割り込みを有効化する．
   (b) USART送信バッファ空き割り込みの中で，スイッチ情報を送信する．加えて，USART送信バッファ空き割り込みを無効化する．
2. 設問1の構成ではチャタリング中のスイッチ情報を読み取ってそれを送信することもある．そこでスイッチ操作でピン変化したら，64ミリ秒待ってからスイッチ情報を取り出し，それをシリアル送信するプログラムを作成せよ．以下のヒントを参考に作成すること．
   (a) ピン変化割り込みの中で，タイマ・コンペアマッチ割り込みを有効化する．
   (b) タイマ・コンペアマッチ割り込みの中で，スイッチ情報を取り出し，USART送信バッファ空き割り込みを有効化する．加えて，タイマ・コンペアマッチ割り込みを無効化する．
   (c) USART送信バッファ空き割り込みの中で，スイッチ情報を送信する．加えて，USART送信バッファ空き割り込みを無効化する．
3. 設問2で作成したプログラムを改造し，チャタリングの影響を取り除いたスイッチ情報を，定期的にシリアル送信するように改造せよ．リスト2.32（112ページ）の改造でもある．
4. リスト2.33（114ページ）を改造し，周波数を表わす文字列を受け取ったら，それに合わせてブザーの周波数を変えよ．例えば，"440"という文字列を受け取ったら，440 Hzでブザーを鳴らす．
5. 4800 8N1で，文字列"Do you copy?"を繰り返しPCに送信するようにせよ．PCから送られてきた文字列があれば，以降はそれを繰り返し送信するようにすること．

6. タイマ 1 をノーマルモード，プリスケーラ 1024 で動かす．タイマ 0 を使って，25 ミリ秒ごとにタイマ 1 のカウンタ値 (TCNT1) を PC に送信するようにすること．
7. PC から LED1 を調光できるようにせよ．

☞ **本節のまとめ**

1. USART は古典的なシリアル通信方式であるが，扱いが簡単で現在でもよく使われる．
2. USART は送信側と受信側の双方でボーレートやフレーム形式を決めた上で通信を行う．
3. シリアル通信では一回に 1 文字ずつ受信するので，必要なデータが揃うまではアプリケーション側でバッファリングしておく必要がある．

2.8 ADC 機能の使い方

アナログセンサなどで計測されるアナログ信号をマイコンで扱うためには，ADC[36]と呼ばれる装置を用いてアナログ信号をデジタル化する必要がある．本書で扱う ATmega88 マイコンには ADC が内蔵されており，アナログ信号を直接入力することができる．

[36] 「ADC」は「アナログ値からデジタル値に変換する装置」を表す場合と，「アナログ値からデジタル値に変換すること」を表す場合がある．

2.8.1 アナログ信号のサンプリングと量子化

アナログ信号は**サンプリング**と**量子化**という 2 つの処理を経てデジタル化される．サンプリングとは信号を離散的な時間間隔（**サンプリング間隔**と言う）で取り出すことであり，量子化とは信号の振幅を離散化して数値化することである．図 2.42 は入力電圧のサンプリングと量子化の例である．

サンプリング間隔（単位は秒）の逆数を**サンプリング周波数**（単位は Hz）といい，1 秒間に何回サンプリングが行われるかを表す[37]．入力電圧（計測したい信号の電圧）の上限を**リファレンス電圧**といい，入力電圧とともに ADC に入力する必要がある．入力電圧がリファレンス電圧を超えないように回路を構成しておくことも必要である．

サンプリングされた信号は n ビットで量子化され，量子化値が専用のデータ

[37] サンプリング周波数は，入力信号の最大周波数の 2 倍より大きくなるように決めることが望ましいが，本書の範疇を超えるので説明を省く．

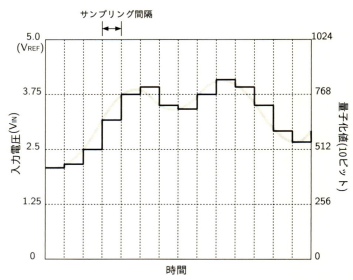

図 2.42: サンプリングと量子化．灰色の曲線が入力されるアナログ信号．黒い実線がデジタル信号

レジスタに保存される．

$$Q_n = \frac{V_{IN}}{V_{REF}} \times 2^n \qquad (2.8)$$

ここで Q_n は量子化値（0 から $2^n - 1$ を取る），V_{IN} は入力電圧（単位は V），V_{REF} はリファレンス電圧である．この式から明らかなように，量子化値は，リファレンス電圧に対する入力電圧の大きさを $2^n - 1$ 段階で表したものである．

また，$\frac{V_{REF}}{2^n}$ [V] を**量子化単位**といい，入力電圧を量子化するときの最小のステップ幅を表す．量子化単位が小さいほど，僅かな電圧変化を検出できる．このため，リファレンス電圧を下げれば，電圧の小さな変化を検出できるようになる．

計算例を示す．例えば，10 ビット ADC を行うとして，$V_{REF} = 5.0$ [V]，$V_{IN} = 1.1$ [V] であれば，$Q_{10} = \frac{1.1}{5.0} \times 1024 \simeq 225$ となる．また，量子化単位は $\frac{5.0}{1024} \simeq 4.9 \times 10^{-3}$ [V] となる．

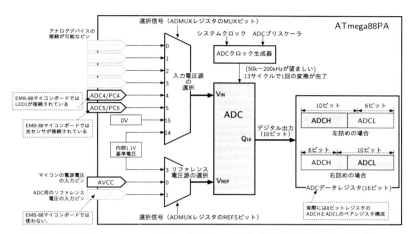

図 2.43: ATmega88 マイコン内蔵のマルチプレクサ付き ADC 回路

2.8.2 AVR マイコンの ADC 回路

ATmega88PA マイコンの ADC 回路を図 2.43 に示す．まず入力電圧は，同図に示すようにマイコン外部からのアナログ入力として 6 チャンネル，内部からは「内部 1.1 V 基準電圧」と 0 V の 2 チャンネルで合計 8 チャンネルがあり，マルチプレクサで選択できるようになっている．また，リファレンス電圧は，マイコン外部から与えられるマイコンの電源電圧である AVCC，同じく外部から与えられる ADC 専用の電圧源 AREF，「内部 1.1 V 基準電圧」，の 3 種類の中から 1 つをマルチプレクサで選択できる[38]．

また，同図中央の ADC のコア回路には，**ADC クロック**と呼ばれる ADC 専用のクロックを供給する必要があり，それはシステムクロックと，次節で紹介する ADC クロック専用のプリスケーラ[39]をもとに生成される．

ADC の初動時を除くと，ADC クロック 13 サイクルで 1 つの ADC が完了するようになっている．また，最大精度の変換を行うには ADC クロックを 50 k〜200 k[Hz] にする必要がある．例えばシステムクロックを 8 M[Hz]，ADC プリスケーラを 64 とすると，ADC クロックは 8 M/64 = 125 k[Hz] となる．この場合の最大のサンプリング周波数は 125 k/13 = 9.6 k[Hz] となる．

分解能は 10 ビットであり，16 ビットのデータレジスタに格納される．このとき，左詰めに格納することもできるようになっている．

また，変換処理が完了すると，ADC 完了フラグが立つようになっており，そのフラグを使った ADC 完了割り込みも用意されている．

[38]「内部 1.1 V 基準電圧」について少し補足する．ATmega88PA のデータシートによれば，マイコンを室温で利用する場合，AVCC が 1.8 V から 5.5 V の間では 1.07 V 程度と記載されている．つまり，「**内部 1.1 V 基準電圧**」は実際には 1.1 V より少し低いが，電源電圧の影響を受けにくいという特性がある．

[39] ADSRA レジスタの ADPS 設定ビットの値に応じて，2〜128 から選択される．

2.8.3 ADC関係のレジスタの設定方法

ADC関係のレジスタはADC（ADCデータ・レジスタ），DIDR0（デジタル入力無効化レジスタ0），ADMUX（ADCマルチプレクサ選択レジスタ），ADCSRA/B（ADC制御・ステータス・レジスタA/B），の4種である．各レジスタの用途は以下のとおりである．

① **ADC（データレジスタ）**

16ビットの長さを持つレジスタで，10ビットで変換結果を格納する．左詰めにするか，右詰めにするかを選択できる．

② **DIDR0（デジタル入力無効化レジスタ0）**

指定するピンのデジタル入力を無効化し，アナログ入力に設定するためのレジスタである．

③ **ADMUX（マルチプレクサ選択レジスタ）**

内蔵ADC回路に接続するピンを選択するためのレジスタである．また，リファレンス電圧のソースを選択したり，ADC変換結果を左詰めにするかどうかを設定するレジスタである．

1. **リファレンス電圧選択/REFS**

   リファレンス電圧のソース（源）を選択する．

2. **変換結果左詰め/ADLAR**

   このビットをセットすると変換結果を16ビットADCデータレジスタの上位10ビットに格納する．このビットをクリアすると変換結果を16ビットADCデータレジスタの下位10ビットに格納する．

3. **マルチプレクサの選択/MUX**

   入力チャンネルを選択する．

④ **ADCSRA/B（制御・ステータス・レジスタA/B）**

ADC有効化，ADC動作モード（単一変換モード，フリーランモード，自動トリガモード），ADC完了割り込みの有効化，自動トリガソース設定，ADCプリスケーラの設定を行うレジスタである．また，ADC変換開始を指示するビット，ADC完了フラグなども含まれる．

1. **ADC有効化/ADEN**

   ADCを有効化する．

2. **自動トリガ有効化/ADATE**

このビットがクリアされていると，単一変換モードになる．セットするとADCの動作タイミングを設定できるようになる（次のADTSビットの設定が必要）．

3. **トリガソース選択/ADTS**

   フリーランモードか自動トリガモードを選択する．

   (1) **フリーランモード** ADCが1回完了すると，直ちに次のADCが開始される．システムクロックと，ADCプリスケーラの設定で，サンプリング周波数が決まる．

   (2) **自動トリガモード** タイマ関係のイベントをトリガとして変換を開始するモード．このためタイマ関係のレジスタ設定が必ず必要である．タイマ0ではコンペアマッチAフラグあるいはオーバフローフラグ，タイマ1ではコンペアマッチBフラグあるいはオーバーフローフラグが選択できる．**タイマをCTCモードにして使うことでサンプリング周波数を細かく指定できる．** タイマ割り込みも併せて使用すればフラグのクリアは自動的に行われるが，タイマ割り込みを使用しない場合はフラグのクリアは手動で行う必要があるので注意する．

4. **ADCプリスケーラ選択/ADPS**

   ADCプリスケーラを2〜128から選択する．

5. **変換開始/ADSC**

   このビットに"1"を書き込むと，AD変換が開始され，変換中はセットされたままになる．**ADATEがクリアされている（つまり，自動トリガ無効）のときは，変換が完了するとAD変換は停止し，このビットが自動的にクリアされる．**

6. **ADC変換完了割り込みフラグ/ADIF**

   ADC変換が1回完了し，ADCデータレジスタが更新されると，このフラグがセットされる．割り込み有効化時はISR(ADC_vect)が呼び出され，ADIFフラグは自動的にクリアされる．ビット"1"を書き込むと手動でクリアできる[40]．

7. **ADC変換完了割り込み有効/ADIE**

   割り込みハンドラISR(ADC_vect)を呼び出すか否か．

[40] ADIFは ADCSRA|=_BV(ADIF); と書くとクリアされる．また，ADCSRA|=_BV(ADSC); と書いて変換を開始させたときもクリアされることになる．

■ ADC 関係のレジスタのビット構成

ADC データレジスタ								

| DIDR0
デジタル入力無効化レジスタ0 | – | – | ADC5D
ADC5のデジタル入力無効 | ADC4D
ADC4のデジタル入力無効 | ADC3D
ADC3のデジタル入力無効 | ADC2D
ADC2のデジタル入力無効 | ADC1D
ADC1のデジタル入力無効 | ADC0D
ADC0のデジタル入力無効 |

| ADMUX
マルチプレクサ選択レジスタ | REFS1
リファレンス電圧選択 | REFS0 | ADLAR
ADC変換結果左詰め | – | MUX3
マルチプレクサ選択 | MUX2 | MUX1 | MUX0 |

| ADCSRB
制御・ステータスレジスタB | – | ACME
(省略) | – | – | – | ADTS2
トリガソース選択 | ADTS1 | ADTS0 |

| ADCSRA
制御・ステータスレジスタA | ADEN
ADC有効 | ADSC
変換開始 | ADATE
自動トリガ有効化 | ADIF
ADC完了割り込みフラグ | ADIE
ADC完了割り込み有効 | ADPS2
ADCプリスケーラ選択 | ADPS1 | ADPS0 |

リファレンス電圧選択	REFS
AREF	00
AVCC	01
内部 1.1V 基準電圧	11

マルチプレクサ選択	MUX
ADC0 を選択	0000
ADC1 を選択	0001
ADC2 を選択	0010
ADC3 を選択	0011
ADC4 を選択	0100
ADC5 を選択	0101
内部 1.1V 基準電圧	1110
0V	1111

ADC プリスケーラ選択	ADPS
プリスケーラを 2 に設定	000
プリスケーラを 2 に設定	001
プリスケーラを 4 に設定	010
プリスケーラを 8 に設定	011
プリスケーラを 16 に設定	100
プリスケーラを 32 に設定	101
プリスケーラを 64 に設定	110
プリスケーラを 128 に設定	111

トリガソース選択	ADTS
フリーランモード	000
自動トリガモード	
タイマ 0 のコンペアマッチ A	011
タイマ 0 のオーバーフロー	100
タイマ 1 のコンペアマッチ B	101
タイマ 1 のオーバーフロー	110

2.8.4 EMB-88 マイコンボードで ADC を行う前に

EMB-88 マイコンボードは，PC の USB ポートから電力供給を受けている．PC の USB ポートの出力電圧は 4.75〜5.25 V であり，使用する PC によっては最大 0.5 V の違いが生じる．また，EMB-88 マイコンボードでは回路保護用の

ショットキーバリアダイオードとポリスイッチによりマイコンにかかる電源電圧がUSB電圧より下回る回路構成になっている．ポリスイッチは電流量に応じて電気抵抗が変化するため，マトリクスLEDを点灯させるなどして大きな電流が流れると更にマイコンにかかる電源電圧 (AVCC) が降下する．

ADCの変換中にリファレンス電圧を変動させないためにもマトリクスLEDは使わない方がよいが，ここでは正確な変換を求めているわけではなく，単にADC動作を確認したいだけなのであえてマトリクスLEDを使用することを断っておく．

2.8.5　ADC動作の確認 (ADC5)

EMB-88マイコンボードを使って，単一変換モード，フリーランモード，自動トリガモード，の動作をそれぞれ確認する．使用するアナログデバイスは光センサ（フォトトランジスタ）とする．リファレンス電圧源をAVCC，入力電圧源はADC5とすればよい．システムクロックは8 MHz，ADCプリスケーラは128とするとADCクロックは62.5 kHとなる．ADCで得られる10ビットの変換結果のうち，上位8ビット部分をそのままマトリクスLEDに表示させることとする．

リスト2.37は単一変換の動作確認用で，変換が終わるたびに変換完了フラグをクリアして，もう一度スタートさせるようにしている．

リスト2.38はフリーランモードの動作確認用で，リスト2.37とは違い，変換が1回終わると，自動的に変換が始まることが確認できる．このときのサンプリング周波数は，$\frac{62.5 \times 10^3}{13} \simeq 4807$ Hz である．

リスト2.39は自動トリガモードの動作確認用のプログラムで，トリガはタイマ1コンペアマッチBフラグとしている．タイマ1はCTCモードにしてあり，50ミリ秒周期で動作する．コンペアマッチBフラグが50ミリ秒周期にセットされるように，フラグのクリアも手動で行っている（コンペアマッチB割り込みを有効化すればフラグクリアは自動化できる）．サンプリング周波数は$\frac{1}{50 \times 10^{-3}} \simeq 20$ k[Hz]である．

リスト2.37: 単一変換（繰り返し実行）の確認

```
1  #include <avr/io.h>
2  #include <avr/wdt.h>
3
4  int main(void)
5  {
6      // LED および SW1,2 のポート設定
```

```
 7      DDRD = 0xFE;
 8      DDRC = 0x0F;
 9      DDRB = 0xFF;
10
11      PORTD = 0x00;
12      PORTC = 0x00;
13      PORTB = 0x00;
14
15      ADMUX = _BV(REFS0); // REF 電圧(AVCC)
16      ADMUX |= 0x05; // ADC 入力を ADC5 に設定
17      ADCSRB = 0;
18      ADCSRA = _BV(ADEN) | 0x7;
19      ADCSRA |= _BV(ADSC); // ADIF クリアと変換開始
20      for (;;) { // 単一変換(の繰り返し)
21          wdt_reset();
22          if (ADCSRA & _BV(ADIF)) { // 変換が完了したら
23              PORTB = ~(ADC >> 2); // 変換値を取り出して LED に表示
24              ADCSRA |= _BV(ADSC); // ADIF クリアと変換開始
25          }
26      }
27      return 0;
28  }
```

リスト 2.38: フリーランモードの確認

```
 1  #include <avr/io.h>
 2  #include <avr/wdt.h>
 3
 4  int main(void)
 5  {
 6      // LED および SW1,2 のポート設定
 7      DDRD = 0xFE;
 8      DDRC = 0x0F;
 9      DDRB = 0xFF;
10
11      PORTD = 0x00;
12      PORTC = 0x00;
13      PORTB = 0x00;
14
15      ADMUX = _BV(REFS0); // REF 電圧(AVCC)
16      ADMUX |= 0x05; // ADC 入力を ADC5 に設定
17      ADCSRB = 0;
18      ADCSRA = _BV(ADEN) | 0x7 | _BV(ADATE); // フリーランモード
19      ADCSRA |= _BV(ADSC); // ADIF クリアと変換開始
20      for (;;) {
21          wdt_reset();
22          if (ADCSRA & _BV(ADIF)) { // 変換が完了したら
23              PORTB = ~(ADC >> 2); // 変換値を取り出して LED に表示
24              ADCSRA |= _BV(ADIF); // ADIF を手動でクリア
25          }
26      }
27      return 0;
28  }
```

リスト 2.39: 自動トリガモード(トリガ：タイマ 1 オーバーフロー)の確認

```
 1  #include <avr/io.h>
 2  #include <avr/wdt.h>
 3
 4  int main(void)
 5  {
 6      // LED および SW1,2 のポート設定
```

```c
  7      DDRD = 0xFE;
  8      DDRC = 0x0F;
  9      DDRB = 0xFF;
 10  
 11      PORTD = 0x00;
 12      PORTC = 0x00;
 13      PORTB = 0x00;
 14  
 15      OCR1A = 49999;
 16      OCR1B = 0;
 17      TCCR1A = 0;
 18      TCCR1B = 0xA; // PS=8，CTC，50ms ごとに CompB フラグが立つ
 19  
 20      ADMUX = _BV(REFS0); // REF 電圧(AVCC)
 21      ADMUX |= 0x05; // ADC 入力を ADC5 に設定
 22      ADCSRB = 5; // 自動トリガ (TIMER1_CompB フラグ)
 23      ADCSRA = _BV(ADEN) | 0x7 | _BV(ADATE);
 24      ADCSRA |= _BV(ADSC); // ADIF クリアと変換開始
 25  
 26      while (1) {
 27          wdt_reset();
 28          if (ADCSRA & _BV(ADIF)) { // 変換が完了したら
 29              TIFR1 = _BV(OCF1B); // トリガ用のフラグのクリア
 30              PORTB = ~(ADC >> 2); // 変換値を取り出して LED に表示
 31              ADCSRA |= _BV(ADIF); // ADIF を手動でクリア
 32          }
 33      }
 34      return 0;
 35  }
```

2.8.6 ADC 完了割り込みの利用

リスト 2.40 は ADC 完了割り込みを利用するようにリスト 2.39 を改造したものである．

リスト 2.40: ADC 完了割り込みの動作確認

```c
 1  #include <avr/io.h>
 2  #include <avr/wdt.h>
 3  #include <avr/interrupt.h>
 4  
 5  ISR(ADC_vect)
 6  {
 7      TIFR1 = _BV(OCF1B); // トリガ用のフラグのクリア
 8      PORTB = ~(ADC >> 2); // 変換値を取り出して LED に表示
 9  }
10  
11  int main(void)
12  {
13      // LED および SW1,2 のポート設定
14      DDRD = 0xFE;
15      DDRC = 0x0F;
16      DDRB = 0xFF;
17  
18      PORTD = 0x00;
19      PORTC = 0x00;
20      PORTB = 0x00;
21  
22      OCR1A = 49999;
```

```
23    OCR1B = 0;
24    TCCR1A = 0;
25    TCCR1B = 0xA; // PS=8, CTC, 50ms ごとに CompB フラグが立つ
26
27    ADMUX = _BV(REFS0); // REF 電圧(AVCC)
28    ADMUX |= 0x05; // ADC 入力を ADC5 に設定
29    ADCSRB = 5; // 自動トリガ (TIMER1_CompB フラグ)
30    ADCSRA = _BV(ADEN) | 0x7 | _BV(ADATE) | _BV(ADIE);
31    ADCSRA |= _BV(ADSC); // ADIF クリアと変換開始
32
33    sei();
34
35    for (;;) {
36        wdt_reset();
37    }
38    return 0;
39 }
```

2.8.7 マトリクス LED を光センサのバーインジケータとして使う

リスト 2.41 は量子化値をマトリクス LED（各列を PORTB にアサイン）を使ってバーインジケータとして使うようにした例である．図 2.44 はリスト 2.41 におけるマトリクス LED の表示と量子化値の関係を示したもので，センサ回路の出力電圧が高くなると（遮光されると），点灯箇所が増えるようになっていることがわかる．

リスト 2.41: マトリクス LED のバーインジケータとして使う

```
1  #include <avr/io.h>
2  #include <avr/wdt.h>
3  #include <avr/interrupt.h>
4
5  #define STEP 5 // 照明環境によって調整する
6
7  ISR(ADC_vect)
8  {
9      TIFR1 = _BV(OCF1B); // トリガ用のフラグのクリア
10     PORTB = 0xFF >> (8 - ((1024 - ADC) >> STEP));
11 }
12
13 int main(void)
14 {
15     // LED および SW1,2 のポート設定
16     DDRD = 0xFE;
17     DDRC = 0x0F;
18     DDRB = 0xFF;
19
20     PORTD = 0x00;
21     PORTC = 0x00;
22     PORTB = 0x00;
23
24     OCR1A = 49999;
25     OCR1B = 0;
26     TCCR1A = 0;
27     TCCR1B = 0xA; // PS=8, CTC, 50ms ごとに CompB フラグが立つ
28
```

```
29      ADMUX = _BV(REFS0); // REF 電圧(AVCC)
30      ADMUX |= 0x05; // ADC 入力を ADC5 に設定
31      ADCSRB = 5; // 自動トリガ (TIMER1_CompB フラグ)
32      ADCSRA = _BV(ADEN) | 0x7 | _BV(ADATE) | _BV(ADIE);
33      ADCSRA |= _BV(ADSC); // ADIF クリアと変換開始
34
35      sei();
36
37      for (;;) {
38          wdt_reset();
39      }
40      return 0;
41  }
```

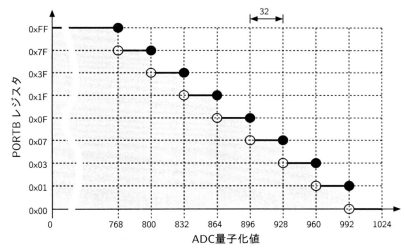

図 2.44: リスト 2.41 におけるマトリクス LED の表示と量子化値の関係

2.8.8 ADC 変換結果のシリアル通信

　ADC 変換結果（量子化値）を視認するためにはシリアルターミナルで表示させたほうがわかりやすい．そこで量子化値を文字列化して PC 側にシリアル送信することとする．リスト 2.42 は ADC 完了割り込みが発生すると，ADC データレジスタから値を取り出し，PC に送信するようにしたプログラムである[41]．また，このプログラムでは 15 行目の代入文の右辺を書き換えることで，測定対象を切り替えられるようになっている．測定対象は光センサ（フォトトランジスタ），内部 1.1 V 基準電圧，LED1 から選択できる.

　光センサの計測を行っている様子を図 2.45 に示す．また，数値系列をグラフ化した結果を図 2.46 に示す．光センサを遮光すると量子化値が大きくなり，投光すると量子化値が小さくなることがわかる．EMB-88 は遮光すると光センサ

[41] avr-libc に含まれる stdlib.h には，数値を基数指定で文字列化できる itoa(入力値, 書き出し先アドレス, 基数) が含まれているのでそれを呼び出している.

回路の出力電圧が高くなり，投光するとセンサ回路の出力電圧が低くなるように設計されているためである．

図 2.45: マイコンからシリアル通信で送られてくる ADC 変換結果

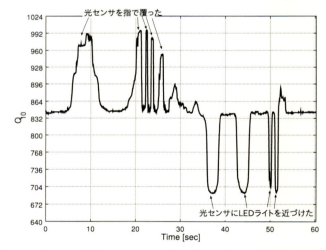

図 2.46: 光センサ（フォトトランジスタ）回路の出力電圧の可視化

リスト 2.42: シリアル通信との連携

```
#include <avr/io.h>
#include <avr/wdt.h>
#include <avr/interrupt.h>
#include <stdlib.h> // itoa()
#include <string.h> // strcat()

#define BAUD 38400
enum ADC_MUX
{
    PHOTO_TR = 0x5,    // 光センサ（ADC5）
    LED1 = 0x4, // LED1(LED4)
    IV1 = 0xE // 内部電圧 1.1V
};

enum ADC_MUX adev = PHOTO_TR; // 測定対象を選択
volatile unsigned int val;
volatile unsigned char adc_flag = 0;
```

```c
18  volatile char buff[16];
19
20  ISR(ADC_vect)
21  {
22      TIFR1 = _BV(OCF1B); // トリガ用のフラグのクリア
23      val = ADC;
24      adc_flag = 1;
25      if (adev == LED1) { // LED は光入力に鈍感なので，その対策
26          DDRC |= 0x10;  // 出力ピンに変更
27          PORTC &= ~0x10; // 出力電圧を 0V にする(放電される)
28          DDRC &= ~0x10; // 入力ピンに戻す
29      }
30  }
31
32  ISR(USART_UDRE_vect)
33  {
34      static char n;
35      UDR0 = buff[n++];
36      if (buff[n] == '\0') {
37          UCSR0B &= ~_BV(UDRIE0); // 空き割り込み停止
38          n = 0;
39      }
40  }
41
42  int main(void)
43  {
44      // LED および SW1,2 のポート設定
45      DDRD = 0xFE;
46      DDRC = 0x0F;
47      DDRB = 0xFF;
48
49      PORTD = 0x00;
50      PORTC = 0x00;
51      PORTB = 0x00;
52
53      OCR1A = 49999;
54      OCR1B = 0;
55      TCCR1A = 0;
56      TCCR1B = 0xA; // PS=8, CTC, 50ms ごとに CompB フラグが立つ
57
58      ADMUX = _BV(REFS0); // REF 電圧(AVCC)
59      ADMUX |= adev; // ADC 入力の設定
60      ADCSRB = 5; // 自動トリガ (TIMER1_COMPB)
61      ADCSRA = _BV(ADEN) | 0x7 | _BV(ADATE) | _BV(ADIE);
62      ADCSRA |= _BV(ADSC); // ADIF クリアと変換開始
63
64      /* 通信速度設定 */
65      UBRR0 = (F_CPU >> 4) / BAUD - 1;
66      UCSR0A = 0;
67
68      /* データ 8ビット，パリティなし，ストップビット 1個 */
69      UCSR0C = 0x06;
70      UCSR0B = _BV(TXEN0);
71
72      sei();
73
74      for (;;) {
75          wdt_reset();
76          if (adc_flag) {
77              itoa(val, buff, 10);
78              strcat(buff, "\r\n");
79
80              /* 空き割り込み有効化 */
81              UCSR0B |= _BV(UDRIE0);
```

```
82                adc_flag = 0;
83          }
84      }
85      return 0;
86 }
```

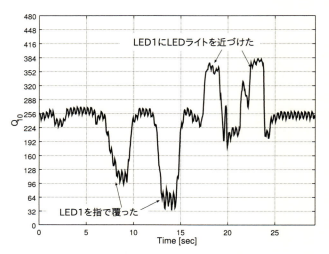

図 2.47: LED1 回路の出力電圧の可視化

2.8.8.1　LED1 の計測

　LED に光を当てると電圧が生じるので，LED をそのまま簡単な光センサとしても利用できる．リスト 2.42 で

```
15 | enum ADC_MUX adev = LED1;
```

とすると，LED1 側回路の出力電圧を計測する．LED 光量が減少した際の電圧の下がり方が遅いようなので，リスト 2.42 では量子化を終えるたびに一旦放電させ電圧を 0 V に落とし，再び昇圧させて ADC を行うようにしている．サンプリング速度が早すぎると，電圧が十分上昇しないうちにサンプリングが行われることになるので適宜調整が必要である．

　LED1 を計測した結果が図 2.47 である．LED1 を遮光すると量子化値が小さくなり（LED1 回路の出力電圧が低下した），投光すると量子化値が大きくなる（LED1 回路の出力電圧が上昇した）ことがわかる．

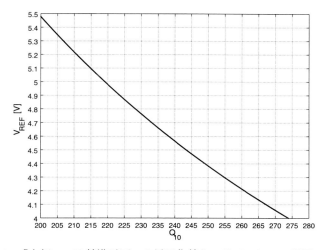

図 2.48:「内部 1.1 V 基準電圧」の量子化値と，リファレンス電圧の関係

2.8.8.2 「内部 1.1 V 基準電圧」を利用してリファレンス電圧を逆算する

「内部 1.1 V 基準電圧」はデータシートによれば AVCC が 1.8 V から 5.5 V の間では 1.07 V 程度（室温利用時）と，電圧の変動に対して変化しにくいという特性がある．この特性を利用すれば，マイコンの電源電圧 (AVCC) や，ADC のリファレンス電圧 (AREF) を求めることができる．具体的には，入力電圧源（図 2.43 の MUX）として「内部 1.1 V 基準電圧」を選択し，リファレンス電圧源（図 2.43 の REFS）として AVCC または AREF を選択して ADC を行えば，

$$V_{REF} = \frac{1.07}{Q_{10}} \times 2^{10} \qquad (2.9)$$

により AVCC または AREF の大きさを求めることができる．ここで V_{REF} は AVCC または AREF の電圧，また Q_{10} は 10 ビット ADC で得られた量子化値である．式 (2.9) をプロットすると図 2.48 のようになる．目安としては，5 V → 218，4.7 V → 233，4.4 V → 249，である．

リスト 2.42 において

```
15| enum ADC_MUX adev = IV1;
```

と書き換えると「内部 1.1 V 基準電圧」を計測できる．計測結果を図 2.49 に示す．同図から量子化値としてほぼ 236 が得られていることがわかるので，式 (2.9) から AVCC を推定できる．

$$V_{REF} = \frac{1.07}{236} \times 2^{10} = 4.64$$

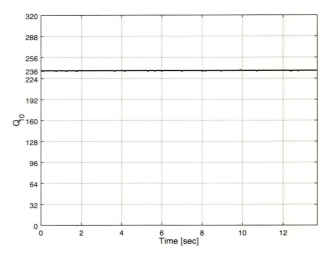

図 2.49: 内部 1.1 V 基準電圧の量子化値系列

この状態で AVCC を電圧計で実測したところ 4.74 V であった．

演習問題

理解度を問う問題

1. システムクロック 8 MHz，ADC プリスケーラ 64，変換所要クロック数 13 のときのサンプリング周波数 (kHz) を求めよ．
2. 10 bit の ADC を行う．リファレンス電圧を 1.024 V とすると，量子化単位（10 bit 量子化での 1 ステップあたりの電圧）は何 mV か．また入力電圧が 0.256 V のとき，変換結果はいくらか．

プログラミング問題

1. 光の強弱でブザーの音量を変えよ．
2. リスト 2.42（132 ページ）を改造し，PC から ADC 入力を (1)ADC4，(2)ADC5，(3) 内部基準電圧 1.1 V，(4)0 V，の中から選択できるようにせよ．
3. 入力電圧のソースとして ADC4 と ADC5 を交互に切り替えながら ADC 変換を行い，それらの ADC 変換結果を 1 行にしてシリアル送信するようにせよ．

☞ **本節のまとめ**

1. ADC 機能を使うと，アナログ信号をマイコンに取り込んで扱えるようになる．
2. ATmega88 マイコンでは，ADC 機能の自動トリガは，タイマ割り込みを組み合わせることで，サンプリング周波数を調整することができる．

2.9 フレームワークベースのアプリケーション開発

　本書で言う**フレームワーク**とは，マイコンのアプリケーションを効率的に開発するための土台となるプログラムコードのことを言う．フレームワークは，アプリケーションに対して便利な手続きを提供したり，アプリケーションに代わって割り込みやハードウェア操作を担当する．フレームワークを利用するアプリケーションの開発では，まずフレームワークの仕様を十分に理解してから，開発を始めることになる．本節では著者らが開発した簡単なフレームワークについて紹介する．

2.9.1 フレームワークとユーザ処理

　マトリクス LED やスイッチを扱ったアプリケーション（例えばゲームなど）を開発する場合，定期的にスイッチ状態を読み出す処理，マトリクス LED にダイナミック点灯で描画する処理などは複数のアプリケーションで共通して使用できる．アプリケーションごとにすべてスクラッチからプログラミングしていたのでは極めて生産性が低い．他にもアプリケーションの中で，割り込み処理を記述したり，特殊機能レジスタを直接操作する処理を記述してしまうと移植性が下がるため好ましくない．アプリケーションの部分とハードウェア操作の部分はできるだけ分離することが必要である．

　このような場合にフレームワークが有用である．フレームワークはアプリケーション開発を効率化するための土台となるプログラムコードで，(1) ハードウェア操作に直結する処理（ドライバ），(2) ユーザ処理で利用できるサブルーチン群，(3) ユーザ処理として登録されたタスクを順番に実行する仕組み，で構成される．

　フレームワークの開発者と，アプリケーションの開発者は同一である必要はな

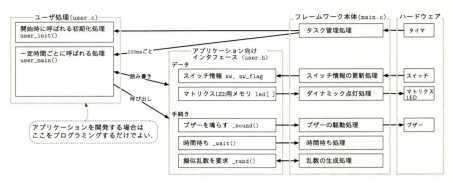

図 2.50: ユーザ処理とフレームワーク

い．フレームワーク開発者はマイコンのハードウェアを理解し，周辺機能を使うためのレジスタ設定方法や割り込みを使いこなす必要があるが，アプリケーション開発者はその必要はない．**アプリケーション開発者はフレームワークをアプリケーションの実行環境と考えて，ユーザ処理部分を記述していくだけでよい．**

本書においても，マイコンボードのマトリクス LED，ブザー，押しボタンスイッチへアクセスする処理と，ユーザが作る関数を定期的に呼び出す処理，簡単な擬似乱数生成器を備えたフレームワークを用意した（図 2.50）．

① **main.c（リスト 2.43）** フレームワークの本体．ハードウェアの制御やアプリケーションの制御を行う．

② **user.h（リスト 2.44）** アプリケーション向けインタフェース (次の user.c でインクルード)．

③ **user.c（リスト 2.45）** フレームワークを利用するアプリケーションサンプル「電子サイコロ」．

ユーザ処理（user.c）の開発時のポイントをまとめておく．

1. 初期化したい内容は，`user_init()` に記述する．
2. `user_main()` が 100 ミリ秒ごとに呼び出される．
3. マトリクス LED に表示したいパターンを `led[]` に格納すればよい．ダイナミック点灯は 2 ミリ秒ごとに点灯行を切り替える．
4. スイッチ情報は 100 ミリ秒ごとに更新され，`sw` に格納される．スイッチ変化を検出すると，併せて `sw_flag` フラグが立つ．このフラグのクリアは手動で行う必要がある．

5. ブザーを鳴らすときは，_sound() を呼び出す．
6. 擬似乱数を使いたいときは _rand() を呼び出す．
7. ハードウェア処理に関係する変更を行う場合は，フレームワーク本体 (main.c) を書き換えるようにする．

リスト 2.43: フレームワーク本体 (main.c)

```
1  #include <avr/io.h>
2  #include <avr/interrupt.h>
3  #include <avr/wdt.h>
4  #include "user.h"
5
6  volatile uint8_t sw;      // 押しボタン状態
7  volatile uint8_t sw_flag; // スイッチ変化を示すフラグ（クリアはユーザ側で
                                 実施）
8  volatile uint8_t led[LED_SZ]; // マトリクスLED
9
10 static volatile uint8_t period; // ブザー音の長さ
11 static volatile uint8_t user_flag; // ユーザー処理の開始フラグ
12 static volatile uint8_t delay; // 待ち時間カウンタ
13 static volatile uint8_t rnd = 1; // 擬似乱数のカウンタ
14
15
16 /* マトリクスLED のダイナミック点灯（2ms 毎）*/
17 ISR(TIMER0_COMPA_vect) //
18 {
19     static uint8_t sc = 0xFE;
20     static uint8_t scan = 0; // LED 走査カウンタ
21
22     // LED の更新
23     PORTB = 0; // 残像対策
24     sc = (sc << 1) | (sc >> 7);
25     PORTD = (PORTD & 0x0F) | (sc & 0xF0); // 上位4ビット書き換え
26     PORTC = (PORTC & 0xF0) | (sc & 0x0F); // 下位4ビット書き換え
27     scan = (scan + 1) & 7;
28     PORTB = led[scan];
29 }
30
31 /* スイッチ処理 */
32 ISR(PCINT1_vect)
33 {
34     OCR1A = TCNT1 + 155; // タイマ 1に比較値設定（今から 20mS 後に割り込む）
35     TIFR1 = _BV(OCF1A); // フラグクリア
36     TIMSK1 |= _BV(OCIE1A); // タイマ 1・コンペアマッチA 割り込み有効化
37     rnd++; // 乱数も更新
38 }
39
40 ISR(TIMER1_COMPA_vect) // チャタリング終了後，20ms 後に呼び出される
41 {
42     uint8_t sw0 = (~PINC >> 4) & 3;
43
44     if(sw_flag == 0) {
45         sw_flag = sw0 ^ sw;
46     }
47     sw = sw0; // スイッチ変数の更新
48
49     TIMSK1 &= ~_BV(OCIE1A); // タイマ 1・コンペアマッチA 割り込み無効化
50 }
51
```

```c
52  /* ユーザ処理のための割り込み */
53  ISR(TIMER1_COMPB_vect) // 100msごとに呼び出される
54  {
55      OCR1B = TCNT1 + 780;
56      TIFR1 = _BV(OCF1B); // フラグクリア
57      if(delay) { // 待ち
58          delay--;
59      }
60      if(period) { // ブザー停止
61          period--;
62          if(period == 0) {
63              TCCR2A = 0;
64          }
65      }
66      user_flag = 1; // ユーザコードを呼び出す
67  }
68
69  int main(void)
70  {
71      // LED,スイッチ,ブザーのポート設定
72      DDRB = 0xFF;
73      DDRC = 0x0F;
74      DDRD = 0xFA;
75      PORTC = 0x30; // 入力ピンをプルアップ
76      PORTD = 0x00;
77
78      // タイマ0(CTC)：ダイナミック点灯用
79      OCR0A = 249; // 2mS
80      TCCR0A = 2;
81      TCCR0B = 3; // 1/64
82      TIMSK0 |= (1 << OCIE0A); // コンペアマッチA割り込み有効
83
84      // タイマ2(CTC)：ブザー用
85      TCCR2A = 0;
86      TCCR2B = 0x44; // 1/64 , コンペアマッチ出力B有効（トグル）
87
88      // タイマ1(ノーマル)：100msの定期割り込み
89      TCCR1A = 0x00;
90      TCCR1B = 0x05; // 1/1024
91      TIMSK1 |= _BV(OCIE1B); // コンペアマッチB割り込み有効化(100ms)
92      TCNT1 = 0xFFFF;
93
94      // ピン変化割り込み有効
95      PCICR = _BV(PCIE1);
96      PCMSK1 = 0x30;
97
98      user_init(); // ユーザ処理初期化
99      sei(); // システムとしての割り込みの有効化
100     for(user_flag = 0;;) {
101         wdt_reset();
102         if(user_flag) { // ユーザ処理の起動
103             user_main();
104             user_flag = 0;
105         }
106     }
107     return 0;
108 }
109
110 /* 時間待ち ( n * 100ms ) */
111 void _wait(uint8_t n)
112 {
113     for(delay = n; delay;) {
114         wdt_reset();
115     }
```

```
116 }
117
118 /* 擬似乱数生成 */
119 uint8_t _rand(void)
120 {
121     uint8_t y, z;
122
123     // LFSR
124     for(y = rnd & 0x95, z = 0; y; z++) {
125         y &= y - 1;
126     }
127     return (rnd = (rnd << 1) | (z & 1));
128 }
129
130 /* ブザー */
131 void _sound(uint8_t tone, uint8_t length)
132 {
133     OCR2A = tone;
134     period = length;
135     TCCR2A = 0x12;
136 }
```

リスト 2.44: アプリケーション向けインタフェース (user.h)

```
 1 #ifndef _USER_HEADER_
 2 # define _USER_HEADER_
 3
 4 # include <stdint.h>
 5
 6 # define LED_SZ  8
 7
 8 /* ブザー用 */
 9 enum
10 {
11     BEEP_HIGH = 46,
12     BEEP_LOW = 168,
13
14     BEEP_C4 = 238,
15     BEEP_D4 = 212,
16     BEEP_E4 = 189,
17     BEEP_F4 = 178,
18     BEEP_G4 = 158,
19     BEEP_A4 = 141,
20     BEEP_B4 = 126,
21     BEEP_C5 = 118
22 };
23
24 /* システム定義 */
25 extern void _wait(uint8_t wait); // 時間待ち
26 extern uint8_t _rand(void);   // 擬似乱数生成
27 extern void _sound(uint8_t tone, uint8_t length); // ブザー
28
29 extern volatile uint8_t sw_flag; // 押しボタン変化フラグ (手動クリア)
30 extern volatile uint8_t sw;   // 押しボタン状態
31 extern volatile uint8_t led[LED_SZ]; // マトリクスLED
32
33 /* ユーザー定義 */
34 extern void user_init(void); // 起動時に呼ばれる
35 extern void user_main(void); // 0.1秒ごとに呼ばれる
36
37 #endif // _USER_HEADER_
```

リスト 2.45: フレームワークを使ったアプリケーションサンプル (user.c)

```c
#include <string.h>
#include "user.h"

static uint8_t pat[7][8] = {
    {0xE4, 0x94, 0x94, 0xE0, 0x06, 0x6F, 0x88, 0x66}, // タイトル
    {0x00, 0x00, 0x00, 0x18, 0x18, 0x00, 0x00, 0x00}, // 1の目
    {0x00, 0x0C, 0x0C, 0x00, 0x00, 0x30, 0x30, 0x00}, // 2の目
    {0x06, 0x06, 0x00, 0x18, 0x18, 0x00, 0x60, 0x60}, // 3の目
    {0x00, 0x66, 0x66, 0x00, 0x00, 0x66, 0x66, 0x00}, // 4の目
    {0x66, 0x66, 0x00, 0x18, 0x18, 0x00, 0x66, 0x66}, // 5の目
    {0x66, 0x66, 0x00, 0x66, 0x66, 0x00, 0x66, 0x66}, // 6の目
};

void user_init(void)
{
    memcpy((void *)led, pat[0], 8);
    _sound(BEEP_HIGH, 2);
}

void user_main(void)
{
    static uint8_t stat = 0, cnt = 0, n = 0;
    uint8_t n0;

    cnt--;
    n0 = n;
    switch (stat) {
    default: // 押しボタン待ち
        if(sw_flag && sw) {
            _sound(BEEP_HIGH, 1);
            stat = 1;
        }
        break;

    case 1: // サイコロ回転
        if(sw_flag) {
            switch (sw) {
            case 1:
                _sound(BEEP_HIGH, 1);
                cnt = 20;
                stat = 3;
                break;
            case 2:
                cnt = (_rand() & 0x0f) + 4;
                stat = 2;
                break;
            }
        }
        n = n < 6 ? (n + 1) : 1;
        break;

    case 2: // サイコロ減速
        if(cnt & 1) {
            _sound(BEEP_LOW, 1);
        }
        else if(cnt == 0) {
            _sound(BEEP_HIGH, 1);
            cnt = 20;
            stat = 3;
            break;
        }
        n = _rand() % 6 + 1;
```

2.9 フレームワークベースのアプリケーション開発   143

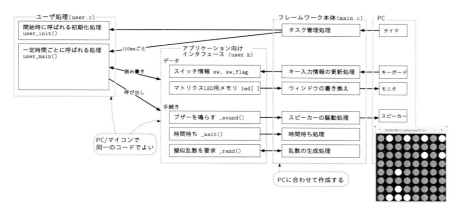

図 2.51: PC 用フレームワークを使った開発

```
63          break;
64
65      case 3: // サイコロ停止
66          if(cnt == 0) {
67              n = 0;
68              stat = 0;
69          }
70          break;
71      }
72      if(n != n0) {
73          memcpy((void *)led, pat[n], 8);
74      }
75      sw_flag = 0;
76  }
```

2.9.2　PC 用フレームワークの活用

　フレームワークでマイコンボードの動作をシミュレートすることで，組込み機器のプログラム開発のほとんどを実際のハードウェアなしで進めることができる．図 2.51 に示すように，マイコンボード上のマトリクス LED，ブザー，押しボタンスイッチに相当する機能をウィンドウ表示，サウンド出力，キーボードで代替した PC 用フレームワーク (main.c) を用意しておけば，PC だけでユーザ処理 (user.c) のプログラミング・実行・デバッグまでを済ませることができる[42]．あとは実機向けにビルドすればマイコンボードでも同じ動作が得られる．

[42] PC 用のフレームワークもサポートサイトで公開する．

演習問題

理解度を問う問題

1. フレームワークとは何か答えよ．
2. リスト 2.45（141 ページ）をよく読んで，その処理をステートマシンで示せ．
3. リスト 2.46（144 ページ）はフレームワーク上で動作するインベーダゲームである．このゲームの目的は，画面下部の自機を操作して，画面上部に現れる敵機を砲撃して破壊することである．自機は SW1/SW2 で水平移動でき，SW1/SW2 の同時押しで砲弾を発射するようになっている．敵機の登場と移動のタイミングは定期的に行うようになっている．リスト 2.46 をよく読んで下記の問いに答えよ．
   - (a) 砲弾移動は何ミリ秒ごとに行われるか．
   - (b) 自機移動は何ミリ秒ごとに行われるか．
   - (c) 敵機の水平移動は何ミリ秒ごとに行われるか．
   - (d) 敵機は垂直移動は何ミリ秒ごとに行われるか．
   - (e) 新しい敵は何ミリ秒ごとに画面のどこに，どのような配置で登場するか．
   - (f) 砲弾・敵機・自機の表示はどのようにして行っているか．
   - (g) 砲弾と敵機との当たり判定はどのようにして行われているか．

【ヒント】：ゲーム画面は，図 2.52 に示すように，敵機の位置，砲弾の位置，自機の位置，の 3 情報から構築している．

リスト 2.46: インベーダゲーム (user.c)

```c
#include <string.h>
#include "user.h"

/* ローカル関数 */
static void MoveFort(void);
static void MoveEnemy(void);
static void MoveBullet(void);
static void UpdateLED(void);

/* ローカル変数 */
static uint8_t enemy[LED_SZ]; // 敵の位置
static uint8_t bullet[LED_SZ]; // 弾の位置
static uint8_t fort;     // 砲台の中心位置

/* ユーザー処理の初期化 */
void user_init(void)
{
    uint8_t i;
```

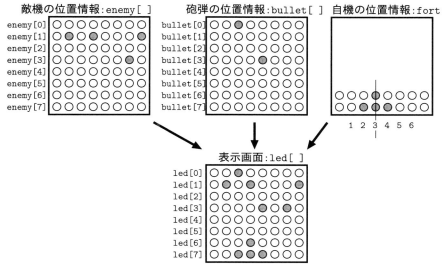

図 2.52: インベーダゲーム画面の構築

```
19
20      for(i = 0; i < LED_SZ; i++) {
21          enemy[i] = 0;
22          bullet[i] = 0;
23      }
24      fort = 3;
25  }
26
27  /* ユーザー処理(100mS 毎に呼ばれる)*/
28  void user_main(void)
29  {
30      MoveFort();
31      MoveEnemy();
32      MoveBullet();
33      UpdateLED();
34  }
35
36  /* 砲台の移動 */
37  static void MoveFort(void)
38  {
39      switch (sw) {
40      case 1: // 左へ移動(押している間は移動)
41          if(fort > 1) {
42              fort--;
43          }
44          break;
45      case 2: // 右へ移動(押している間は移動)
46          if(fort < (LED_SZ - 2)) {
47              fort++;
48          }
49          break;
50      case 3: // 弾の発射
51          if(sw_flag) { // (押し状態が変化したときのみ)
52              bullet[7] |= 0x140 >> fort;
53              sw_flag = 0;
54          }
55          break;
```

```c
56      }
57      sw_flag = 0;
58  }
59
60  /* 敵の移動 */
61  static void MoveEnemy(void)
62  {
63      static uint8_t tick = 0;
64      static uint8_t dir = 0;
65      uint8_t i;
66
67      if(++tick < 5)
68          return;
69      tick = 0;
70      _sound(_rand() | 0x80, 1);
71      switch (dir) {
72      case 0: // 右へ移動
73          for(i = 0; i < LED_SZ; i++) {
74              enemy[i] >>= 1;
75          }
76          break;
77      case 2: // 左へ移動
78          for(i = 0; i < LED_SZ; i++) {
79              enemy[i] <<= 1;
80          }
81          break;
82      default: // 下へ移動
83          if(enemy[7]) {
84              _sound(10, 1);
85              memset(enemy, 0, 8);
86              _wait(5);
87          }
88          for(i = LED_SZ - 1; i; i--) {
89              enemy[i] = enemy[i - 1];
90          }
91          enemy[i] = dir == 3 ? (_rand() & 0xFE) : 0;
92          break;
93      }
94      dir = (dir + 1) & 3;
95  }
96
97  /* 弾の移動 */
98  static void MoveBullet(void)
99  {
100     uint8_t i, j;
101
102     // 上へ移動
103     for(i = 0; i < (LED_SZ - 1); i++) {
104         bullet[i] = bullet[i + 1];
105     }
106     bullet[i] = 0;
107
108     // 敵に当たれば消滅
109     for(i = 0; i < LED_SZ; i++) {
110         j = enemy[i] & bullet[i];
111         if(j) {
112             enemy[i] ^= j;
113             bullet[i] ^= j;
114             _sound(60, 1);
115         }
116     }
117 }
118
119 /* LED 表示の更新 */
```

```
120  static void UpdateLED(void)
121  {
122      uint8_t i;
123
124      // 敵と弾の合成
125      for(i = 0; i < LED_SZ; i++) {
126          led[i] = enemy[i] | bullet[i];
127      }
128
129      // 砲台の合成
130      led[6] |= (uint8_t) (0x80 >> fort);
131      led[7] |= (uint8_t) (0x1C0 >> fort);
132  }
```

プログラミング問題

1. リスト2.43（139ページ）を改造する．シリアル通信で文字 "z" を受信したらスイッチ1，"c" を受信したらスイッチ2，"x" を受信したらスイッチ1と2の同時押し，その他の文字を受信したら，スイッチを離したと判断するように改良せよ．
2. 設問1で作成したフレームワークを使ってアプリケーションを作れ．

☞ 本節のまとめ

1. 割り込みやハードウェアに関する処理をフレームワーク側で一括して行うことで，アプリケーション開発の負荷を軽減できる．
2. PC用フレームワークでマイコンボードの動作をシミュレートすることで，プログラミング・実行・デバッグまでをPCで済ませることができる．

3 組込みプログラムの構成法

3.1 時間の管理

　PCアプリケーションと組込み機器の実装技術の最も大きな違いは時間に関する制約と言える．一般的なPCアプリケーションでは処理が迅速でさえあれば細かい時間を気にすることはほとんどない．組込み機器では，正確なタイミングで処理を開始できるか，処理を一定時間内に確実に終えられるか，といった時間に関する制約が厳しいものが多い．そのプログラムには数マイクロ秒〜数箇月といった幅広い時間の管理が要求される．

　また，1つのマイコンの中では複数の処理が同時並行的に実行される．ユーザーの入力操作への応答や表示，センサからのデータ処理，外部機器の制御など性質の異なる処理を混在させなければならない．

　機器制御では，計算時間の長短，起動の間隔や頻度の異なるさまざまな処理が，時間待ちと実行の状態を繰り返している．ここではまず，多様な待ち時間を含む多くの処理を，1つのマイコンの中で実行させるための考え方を学ぶ．

3.1.1 イベント駆動

　まず，何かの処理を一定時間ごとに行う処理，例えばLEDを1秒ごとに点滅させるプログラムを考える．点灯させて1秒待ち，消灯させて1秒待つ処理の繰り返しを，そのままプログラムにするとリスト3.1となる．1秒の時間待ちには，変数をカウントアップしながら空回りするループが使える[1]．点灯や消灯にかかる時間も考慮してカウント数を設定すれば，正確なタイミングで点滅させることができる．

[1] AVRマイコンであれば，for文でカウントせずとも，_delay_us()や_delay_ms()などの関数（マクロ）を使えば必要なカウント数を計算した待ちループのコードが生成される．F_CPUを設定しておくこと．

リスト 3.1: 1 秒ごとの点滅

```
1  #include "common.h"
2
3  #define TM 6244
4
5  int main(void)
6  {
7      int  i;
8
9      init_clock(CLKPS_62500Hz);
10     init_port();
11
12     for (;;)
13     {
14         for(i = 0; i < TM; i++) {
15             wdt_reset();
16         }
17         PORTB ^= 0x20; // LED を ON/OFF
18     }
19 }
```

このプログラムでは，CPU 動作のほとんどが時間待ちのカウンタ処理に費やされる．マイコンに課せられた処理がこれだけであればそれでもよいが，このプログラムに別の処理を追加できるだろうか．例えばもう 1 つの LED を異なる周期で点滅させるとき，どう改造したらよいか．ループで時間待ちをしている間に，別のタイミングで点滅させられるだろうか．

こうした時間待ちを随所に入れたプログラムもしばしば見かける．しかしながら，待ち時間が必要な箇所ごとに時間待ちループを入れてしまうと，並行して動作させたい他の処理を加えることが極めて難しくなる[2]．

[2] Windows や Linux でのプログラミングであれば，タイマやスレッドなどが手軽に使える．ローエンドの組込みマイコンでは，オペレーティングシステムの支援も強力なライブラリもない中でプログラミングしなければならない．

起動するタイミングが異なる複数の処理を共存させるとき，待ち時間を作る箇所を 1 つにまとめると，処理の追加が容易になる．リスト 3.2 では，動作タイミングの異なる処理がカウンタを持ち，それぞれのカウンタをデクリメントして 0 値になったとき処理が実行される．

リスト 3.2: 待ちループの共有

```
1  #include "common.h"
2
3  int main(void)
4  {
5      int count1 = TM1;
6      int count2 = TM2;
7
8      init_clock(CLKPS_62500Hz);
9      init_port();
10
11     for (;;)
12     {
13         wdt_reset();
14
15         if (--count1 == 0) {
```

```
16              count1 = TM1;
17              do_something(1);
18          }
19
20          if (--count2 == 0) {
21              count2 = TM2;
22              do_something(2);
23          }
24      }
25  }
```

演習問題 1

1. カウンタをインクリメントして TM 値になったら 0 にするプログラムを作り，動作を比べなさい．

ここで重要な点は，処理と待ち状態の関係が切り替わったことである．

「処理の合間に，タイミングをとる待ち状態を入れる[3]」
↓
「待ち状態の中で，適当なタイミングで処理を起動する」

組込みプログラミングでは，共通の待ちループの中で多数の処理を起動するスタイルが最も基本的な構造と言える[4]．まずはこの考え方をしっかり理解することが大切である．

リスト 3.3 は，処理ごとのカウンタを全体で共有している．前出のコードと同様に動作することを確かめなさい．

[3] 短いタイミング（数マイクロ〜数ミリ秒）で制御するとき，他の処理との競合が許容できるのであれば，ループで待ち時間を作ってもよい．

[4] マルチタスク OS を利用できる環境であれば，個々のタスクにそれぞれの待ち状態を入れても他のタスクの動作を止めることはない．

リスト 3.3: 計時カウンタの共通化

```
1  #include "common.h"
2
3  int main(void)
4  {
5      int count;
6      int timeout1 = TM1;
7      int timeout2 = TM2;
8
9      init_clock(CLKPS_125kHz);
10     init_port();
11
12     for (count = 0;; count++)
13     {
14         wdt_reset();
15
16         if (count == timeout1) {
17             timeout1 += TM1;
18             do_something(1);
19         }
20
21         if (count == timeout2) {
```

```
22          timeout2 += TM2;
23          do_something(2);
24        }
25      }
26   }
```

ループが一巡する時間は，その間に起動される処理によってばらつく．時間を要する処理，あるいは多数の処理が起動されたときは，ループ一巡の時間が長くなり，以降の処理の開始が徐々に遅れていく．

ループの繰り返し数をカウントして時間を計るのでなく，CPU の処理とは独立に動作するカウンタを用いれば，処理の開始遅れの累積を防ぐことができる．リスト 3.4 は，マイコン内蔵のタイマ・カウンタを用い，カウント値を参照してタイムアウトを判断するプログラムである．

リスト 3.4: タイマ・カウンタの利用

```
1   #include "common.h"
2
3
4   int main(void)
5   {
6       unsigned int timeout1 = TM1;
7       unsigned int timeout2 = TM2;
8
9       init_clock(CLKPS_250kHz);
10      init_port();
11
12      TCCR1A = 0;
13      TCCR1B = 3;    // 1/64
14
15      TCNT1 = 0;
16      for (;;)
17      {
18          wdt_reset();
19
20          if ((int)(TCNT1 - timeout1) >= 0) {
21              timeout1 += TM1;
22              do_something(1);
23          }
24
25          if ((int)(TCNT1 - timeout2) >= 0) {
26              timeout2 += TM2;
27              do_something(2);
28          }
29      }
30  }
```

この方法には注意を要する．タイマ・カウンタの値（TCNT1）は，CPU の処理によらず一定の時間ごとにカウントアップする．つまりループを一巡する間のカウント増分はその間に起動される処理に依存し，1 より大きくなることも想定される．カウンタ値との比較一致ではタイムアウト値を跳び越すこともあるため，値は不等号で比較しなければならない．カウンタのオーバーフロー前後では値の大小が逆転するため，比較には符号の変化を利用する[5]．

[5] これを考慮せずに 32 bit 整数で 10 mS タイマをカウントし，8 箇月後に不具合が発生した．

演習問題 2

タイマ・カウンタでタイムアウト判定する例について

1. 判定を if (TCNT1 >= timeout1) として，動作を確認しなさい．
2. (int)(TCNT1 - timeout1) >= 0 が，境界値付近で正しく判定されることを確認しなさい．
3. タイムアウト値 TM1, TM2 で可能な最大の値はいくつか答えよ．

　CPU が待ち状態（ここではループの繰り返し）にあるとき，特定の事象（ここではカウンタとタイムアウト値の一致）が生じるとその事象に対応する処理が起動されるプログラム構造を，イベント駆動と呼ぶ．また，ここでの例のように，イベントの発生をループの中で順に検査することをポーリングと呼ぶ．

　組込み機器のプログラムでは，プログラム本体をイベント駆動構造にして，それぞれのイベントに応じた処理を起動させる構成が珍しくない．ポーリング方式では，ループ中ですべてのイベント発生を逐一検査する必要があることと，起動された処理によって他の処理の起動が遅れるなどの干渉があることに注意しなければならない．

3.1.2　割り込み

　組込み機器では正確なタイミングで制御信号を出力したり，外部からの入力に直ちに応答しなければならないことが多い．しかしながら，イベントをポーリングする方法では他の処理の起動に干渉され，正確な間隔での起動や迅速な応答は難しくなる．

　割り込みは，イベントをポーリングせずに処理を起動する仕組みである．現在実行中の処理を強制中断して別の処理を割り込ませるため，処理開始までの遅延や遅延時間の「ぶれ」が少ないという特徴がある．また，プログラムでポーリングする手間もない．先ほどの例をタイマ割り込みで記述するとリスト 3.5 となる．

リスト 3.5: 割り込みによる異なるタイミングの処理

```
1  #include "common.h"
2
3  #define TM3   7
4  #define TM4   11
5
6  // 100mS 間隔の割り込み
```

```
 7  ISR(TIMER1_COMPA_vect) {
 8      static unsigned int count = 0;
 9      static unsigned int timeout1 = TM3;
10      static unsigned int timeout2 = TM4;
11
12      count++;
13
14      if (count == timeout1) { // 0.7 秒間隔
15          timeout1 += TM3;
16          do_something(1);
17      }
18
19      if (count == timeout2) { // 1.1 秒間隔
20          timeout2 += TM4;
21          do_something(2);
22      }
23  }
24
25  int main(void)
26  {
27      init_clock(CLKPS_250kHz);
28      init_port();
29
30      TCCR1A = 0;   // CTC
31      TCCR1B = 0x09;   // 1/1
32      OCR1A = 24999; // 250kHz/25000 = 10Hz;
33      TCNT1 = 0;
34      TIMSK1 |= (1<<OCIE1A);
35
36      sei();
37      for (;;)
38      {
39          wdt_reset();
40      }
41  }
```

メインループは空回りして割り込みを待つだけとなり，処理はすべて割り込みの中で行われる[6]．

しかしながら，割り込みが要求されても割り込み処理に直ちに移行できない場合がある．この状況を理解し，この遅れを最小化しなければ正確なタイミングでの起動や迅速な応答が得られない．

[6] 定間隔でサンプリングし演算する信号処理などでは，メインループを空にして割り込みだけで処理することも多い．

（割り込み開始が遅れる状況）

1. 割り込みが禁止されている

    割り込み処理は，個別または一斉に受け付け禁止・許可を設定できる．通常処理（非割り込み処理）の中で，データ破壊の防止やデバイス制御の都合などにより，一時的に割り込みを禁止することがある．

2. 他の割り込み処理が起動されている

    CPU は割り込み処理に入ると自動的に割り込み禁止状態となる．つまり，割り込み処理中は，他の割り込みがあっても待たされる[7]．

[7] 高性能マイコンにおいては個々の割り込みの優先順位を設定し，多重割り込みを行うことも珍しくない．

3. 割り込み処理内で他のイベント処理に待たされる

先の例のように，タイマ割り込み中に 2 つの処理があり，両方とも実行条件が成立することがある．この場合，あとの処理の実行開始が遅れる．

（応答時間のぶれ）

また，割り込み許可状態であっても，割り込みイベントが発生してから割り込み処理が始まるまでの時間が一定とは限らない．例えば処理クロックが多い命令の完了を待たされることがある．また，外部信号の変化をピン変化割り込みで検出するとき，I/O クロックが遅いと反応が遅れることもある．

割り込み処理の開始遅れを最小化するには，割り込み禁止状態となる時間を最小化すること，なかでも割り込み処理での滞在時間を最小化することが効果的である．通常は，割り込み処理中で行われる処理のうち，多少の時間遅れが許容される部分を非割り込み処理（メインループからの呼び出し）に移すことで，割り込み処理自体を軽量化する．割り込みの中ではリスト 3.6 のようにイベント検出によるフラグセットのみを行い，実際の処理をメインループ内で実行することもある．

リスト 3.6: 割り込みによるイベントフラグのセット

```
1  #include "common.h"
2
3  enum {
4      EVENT_PC0 = 1 << 0,
5      EVENT_TM1 = 1 << 1,
6      EVENT_TM2 = 1 << 2,
7  };
8
9  volatile unsigned int event = 0;
10
11 ISR(PCINT1_vect)
12 {
13     if ((PINC & 0x10) == 0) {
14         PCICR &= ~(1 << PCIE1); // 他のピン変化割り込みを禁止
15         event |= EVENT_PC0;     // イベントフラグをセット
16     }
17 }
18
19 ISR(TIMER1_COMPA_vect) {
20     static unsigned int count = 0;
21     static unsigned int timeout1 = TM1;
22     static unsigned int timeout2 = TM2;
23
24     count++;
25
26     if (count == timeout1) {
27         timeout1 += TM1;
28         event |= EVENT_TM1;  // イベントフラグをセット
29     }
30
```

```c
31      if (count == timeout2) {
32          timeout2 += TM2;
33          event |= EVENT_TM2;
34      }
35  }
36
37  int main(void)
38  {
39      init_clock(CLKPS_250kHz);
40      init_port();
41
42      // ピン変化割り込み始動
43      PCICR |= (1 << PCIE1);
44      PCMSK1 |= (1 << PCINT12);
45
46      // タイマ割り込み始動
47      TCCR1A = 0;
48      TCCR1B = 0x09;   // 1/1
49      OCR1A = 64;
50      TCNT1 = 0;
51      TIMSK1 |= (1 << OCIE1A);
52
53      sei();
54      for (;;)
55      {
56          wdt_reset();
57
58          if (event) {
59
60              if (event & EVENT_PC0) {
61                  do_something(0); // ピン変化での処理本体
62                  PCICR |= (1 << PCIE1);
63                  event &= ~EVENT_PC0;
64              }
65
66              if (event & EVENT_TM1) {
67                  do_something(1); // タイムアウト時の処理本体
68                  event &= ~EVENT_TM1;
69              }
70
71              if (event & EVENT_TM2) {
72                  do_something(2);
73                  event &= ~EVENT_TM2;
74              }
75          }
76      }
77  }
```

　正確な定時起動や迅速な応答が要求される処理が複数ある場合は，割り込みでの処理を高速応答部分に限定して軽量化する．時間要求の厳しくない残り部分は通常処理（非割り込み）とする．

　割り込みを使った処理の構成を整理したものが図 3.1 である．迅速な応答が必要とされる部分を割り込みの中で，残りの処理をメインループのイベント処理で実行している．

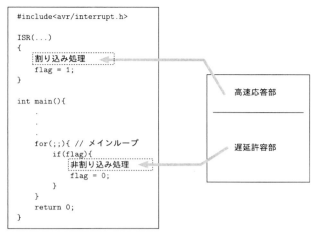

図 3.1: 割り込み処理と非割り込み処理

サーボ制御

一例として，複数のサーボモータを同時に制御するプログラムをリスト 3.7 に示す．サーボを制御するためには 20 mS 程度のサーボ周期の間に回転角に比例した幅のパルス（0.1〜2.5 mS ぐらい）を繰り返し与え続ける必要がある．ここではタイマを 1 つ使い，6 つのサーボそれぞれに個別の幅のパルスを与える処理を割り込み内で実行する．定期的にサーボの回転角を変更する処理はメインループ内で行う．

リスト 3.7: 複数サーボの制御

```
 1  /***    各サーボの制御信号を PORTB5-0 に接続     ***/
 2  #include "common.h"
 3
 4  #define SERVO_MAX 6
 5
 6  volatile unsigned char tick;      // 時刻刻み
 7  volatile unsigned char n;         // サーボ番号
 8  volatile unsigned char angle[SERVO_MAX]; // 各サーボの回転角
 9
10  ISR(TIMER2_OVF_vect) // 16mS ごとの割り込み
11  {
12      // サーボ 1 のパルスを L → H
13      n = 0;
14      PORTB = 1;
15
16      // サーボ 1 のパルス時間後に割り込み (COMPA)
17      OCR2A = angle[0];
18      TIFR2 = _BV(OCF2A);
19      TIMSK2 |= _BV(OCIE2A);
20      tick++;
21  }
22
```

```c
23  ISR(TIMER2_COMPA_vect)
24  {
25      if (++n >= SERVO_MAX) {
26          // サーボ n-1 のパルスを H → L
27          PORTB = 0;
28          // 割り込み停止
29          TIMSK2 &= ~_BV(OCIE2A);
30          return;
31      }
32      // サーボ n-1 のパルスを H → L, n のパルスを L → H
33      PORTB = 1 << n;
34      // サーボ n のパルス時間後に割り込み
35      OCR2A += angle[n];
36      TIFR2 = _BV(OCF2A);
37  }
38
39
40  int main(void)
41  {
42      unsigned char i;
43
44      init_clock(CLKPS_1MHz);
45
46      DDRB = 0x3f;
47      PORTB = 0x00;
48
49      TCCR2A = 0x00;
50      TCCR2B = 0x04;   // 1/64
51      TIMSK2 = _BV(TOIE2);
52
53      // サーボ回転角の初期状態設定
54      for (i = 0; i < SERVO_MAX; i++) {
55          angle[i] = 8 + 5 * i;
56      }
57
58      sei();
59      for (;;) {
60          wdt_reset();
61
62          // サーボ回転角の制御例
63          if (tick >= 12) {
64              tick = 0;
65              for (i = 0; i < SERVO_MAX; i++) {
66                  if (++angle[i] >= 38) {
67                      angle[i] = 8;
68                  }
69              }
70          }
71      }
72  }
```

演習問題 1

サーボのプログラムにおいて

1. サーボ周期を算出しなさい．
2. サーボの最大パルス幅が 2.4 mS のとき，何個のサーボを接続可能か答えよ．
3. 1つのタイマで数十個のサーボを制御するプログラムを考えなさい．

超音波距離計

Arduino 用の超音波距離計測モジュール（HC-SR04 または US-015）を使い，計測した距離を 4 桁の 7 セグメント表示器に表示させる例である．このモジュールは，Trig 端子を 10 μ 秒以上 H レベルにすると 40 kHz の超音波を送信する．その後，超音波が物体に反射して戻るまでの時間幅のパルスを Echo 端子に出力する（図 3.2）．このパルス幅をタイマ・カウンタで計測して距離を算出するとともに，4 桁の表示器をダイナミック点灯しながら距離値を表示する．回路図を図 3.3 に，フローチャートを図 3.4 に示す．距離の計算と表示パターンの導出はメインループ内で行い，他はすべて割り込み内で処理する．

プログラムをリスト 3.8 に示す．ここではトリガパルスの生成に割り込みを使ったが，パルス幅が短い場合は待ちループで生成してもよい．Echo パルスの幅は，モジュールから返るパルスの前後エッジでタイマのカウント値を読み取り差分を求める．ここでは Timer1 の入力キャプチャ機能を使っている．

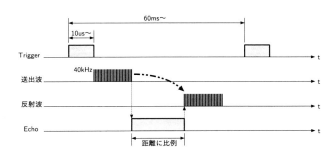

図 3.2: 超音波測距モジュールのタイムチャート

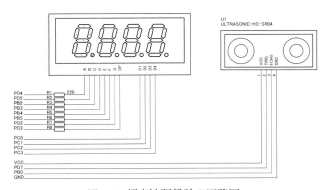

図 3.3: 超音波距離計の回路図

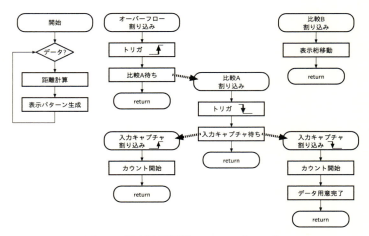

図 3.4: 超音波距離計のフローチャート

リスト 3.8: 超音波距離計

```
1  #include "common.h"
2
3  volatile unsigned short  count;
4  volatile unsigned char   ready;
5
6  // 7 セグメント表示パターン
7  volatile const unsigned char seg7[16] = {
8      0xcf, 0x81, 0xd6, 0xd3, 0x99, 0x5b, 0x5f, 0xc9,
9      0xdf, 0xdb, 0xdd, 0x1f, 0x5f, 0x97, 0x5e, 0x5c
10 };
11 volatile unsigned char   buf[4];
12
13 // 524mS ごとの割り込み
14 ISR(TIMER1_OVF_vect)
15 {
16     // トリガ開始
17     PORTD |= 0x80;
18     TIFR1 = _BV(OCF1A);
19     TIMSK1 |= _BV(OCIE1A);
20 }
21
22 // 50μS 後に割り込み
23 ISR(TIMER1_COMPA_vect)
24 {
25     // トリガ終了
26     PORTD &= ~0x80;
27     TIMSK1 &= ~_BV(OCIE1A);
28
29     // 入力パルス待ち
30     TCCR1B |= _BV(ICES1);
31     TIFR1 = _BV(ICF1);
32     TIMSK1 |= _BV(ICIE1);
33 }
34
35 // 入力パルス変化時に割り込み
36 ISR(TIMER1_CAPT_vect)
37 {
38     // パルス幅のカウント開始
39     if (TCCR1B & _BV(ICES1)) {
```

```c
40        count = ICR1;
41        TCCR1B &= ~_BV(ICES1);
42    }
43    // パルス幅のカウント終了
44    else {
45        count = ICR1 - count;
46        ready = 1;
47        TIMSK1 &= ~_BV(ICIE1);
48    }
49 }
50
51 // 7セグメント表示器の4桁ダイナミック点灯
52 ISR(TIMER1_COMPB_vect)
53 {
54    static unsigned char digit = 0;
55    unsigned char  n;
56
57    // 4mS ごとに桁移動
58    OCR1B = TCNT1 + 499;
59
60    n = buf[3 - digit];
61    PORTB = (PORTB & 0x03) | (n << 2);
62    PORTD = (PORTD & 0xc3) | (n >> 2);
63    PORTC = ~(1 << digit);
64    digit = (digit + 1) & 3;
65 }
66
67 int main(void)
68 {
69    unsigned short x;
70    short     n;
71    unsigned char i;
72
73    init_clock(CLKPS_1MHz);
74    DDRB = 0x3c;
75    DDRC = 0x0f;
76    DDRD = 0xfe;
77    PORTC = 0x00;
78
79    OCR1A = 5;
80    TCCR1A = 0x00;
81    TCCR1B = _BV(ICNC1) | 0x02; // 1/8 CLK
82    TIMSK1 = _BV(TOIE1) | _BV(OCIE1B);
83
84    sei();
85    for (;;) {
86        wdt_reset();
87
88        if (ready) {
89            ready = 0;
90
91            // 距離の算出 (cm)
92            x = count * 4 / 3;
93
94            // 整数値を7セグメント表示パターンへ変換
95            for (i = 0; i < 4; i++) {
96                // ゼロブランキング
97                if (i >= 2 && x == 0) {
98                    buf[i] = 0;
99                    continue;
100               }
101               n = x / 10;
102               buf[i] = seg7[x - n * 10];
103               x = n;
104           }
```

```
105                // 小数点
106                buf[1] |= 0x20;
107            }
108        }
109 }
```

> **演習問題 2**

超音波距離計のプログラムにおいて

1. 計測精度について，入力キャプチャ機能を使わずにプログラムした場合と比較しなさい．
2. 計測精度について，システムクロックを 1 MHz から変更したときの影響を考察しなさい．
3. 正確に 1 秒間隔で計測するよう修正しなさい（他のタイマは使わずに）．
4. 温度センサで気温を計測し，距離値を補正しなさい．

3.1.3 スリープモード

タイマ・カウンタを用いれば，一定時間ごとに起動する処理を記述できる．その処理が完了すれば次の起動時間まで CPU は待ちループを空回りし，システムは無駄な電力を消費し続ける．

昨今の組込み機器は携帯電話のように電池で動作するものも多く，長時間駆動のために消費電力を可能な限り抑制することが求められている[8]．また，発熱や電磁波雑音の放射を抑制する観点からも消費電力を抑える要求は高くなっている．

ここではマイコンの電力管理機構の使い方とともに，ソフトウェアの工夫により消費電力を低減する方法を概観する．

間欠起動

組込みマイコンの多くはスリープモードを備えている．これは，CPU が処理待ち状態のとき CPU や周辺回路へのクロック信号や電力の供給を停止し，消費電力を抑える機能である．次の処理を待つ間 CPU を休止させ，割り込み発生とともに CPU を再始動させる仕組みである．無駄な電力消費を減らすためのものであるが，特殊な例としては AD 変換中にノイズ混入を低減させる目的でス

[8] 中には環境から回収した微弱な電力だけでセンサデバイスを駆動する場合もある．

リープさせることもある．

　スリープモードへは，プログラム中でスリープ命令を実行することにより移行する．休止状態からは，タイマ割り込みやピン変化割り込みにより再始動させる．タイマ割り込みの場合は，あらかじめ起動したいタイミングに割り込み設定しておく．起動して処理を終えたあとに再度スリープモードに入ることで，間欠的な動作が可能となる．

　スリープモードにはいくつかあり，CPU とフラッシュ ROM へのクロックを止めるだけの IDLE モードが扱いやすいが，節電率は 20% 程度と少ない．より節電可能なモードでは周辺機能のほとんどを停止させるため，消費電流を $1\,\mu A$ 以下にまで落とすことができるが使い方が難しい．

　リスト 3.9 はイベント待ち状態でスリープさせる例である．sleep_mode() でスリープ状態に入り，この状態で割り込みが発生するとスリープ解除，割り込み処理を実行のあと，メインループの sleep_mode() 以降が実行され，ループ開始に戻りまたスリープする．

リスト 3.9: スリープモードの利用

```c
#include "common.h"

// 0.5秒ごとにスリープを解除
ISR(TIMER1_COMPA_vect)
{
    do_something(1);
}

int main(void)
{
    wdt_enable(WDTO_2S);
    init_clock(CLKPS_250kHz);
    init_port();

    /* CLK = 250kHz, 2400bps 8N1 */
    UBRR0 = (unsigned char)((250000 >> 3) / 2400 - 1);
    UCSR0A = (1 << U2X0);
    UCSR0C = 0x06;
    UCSR0B = (1 << TXEN0);

    TCCR1A = 0;
    TCCR1B = 0x0d;   // CTC, 1/1024
    OCR1A = 121;     // 0.5mS
    TCNT1 = 0;
    TIMSK1 |= (1<<OCIE1A);

    set_sleep_mode(SLEEP_MODE_IDLE);
    sei();
    for (;;)
    {
        wdt_reset();
        // スリープモード開始
        sleep_mode();

        // 割り込み後に以下も実行される
        do_something(5);
```

```
37            UDR0 = '@';
38      }
39 }
```

> **演習問題 1**

リスト 3.9（163 ページ）のプログラムについて

1. 他のスリープモードに変更して動作確認をしなさい．
2. 他のタイマ・カウンタ (Timer0,2) に変更して試しなさい．
3. 文字送出が完了するまでスリープモードに入らないように直しなさい．

（クロック vs. スリープ）

　節電したいプログラムがイベント駆動型であれば，とりあえずは待機状態で IDLE スリープさせておけばよい．スリープ機能を使わないのであれば，システムのクロックを無理のない範囲で低くしておく．しかしながら，本格的に消費電力を削減するのであれば，さまざまな側面からの検討が必要となる．

　クロック周波数を低くするか，高速クロックでスリープモードを積極的に使うかのバランスは，以下を検討して実測を繰り返しながら決めていく．

- マイコンの消費電力は，クロック周波数におおむね比例する．
- 節電率は，マイコンの品種，スリープモードにより大きく異なる．
- 電池寿命は一般に「休ませながら間欠的に使うと長持ちする」．
- 深いスリープモードや低クロック駆動では起動が遅れる．
- マイコン以外の周辺回路の電力消費も大きい．

　大幅に節電できるスリープモードは周辺機能の停止範囲が大きい．常時動作が必要な機能が稼働できるかどうかよく確認する．また，再始動に時間がかかったり周辺機能の再初期化を要する，などプログラミング上の制約も大きくなるため注意が必要となる．

（ハードウェア）

　マイコンのプログラムだけでなく，周辺回路のハードウェア設計やデバイス選定にも注意を要する．スリープ中に周辺回路へのクロック供給をやめ電力供給も

削減するなど回路上の工夫が必要となる．デバイスにパワーダウン機能があれば積極的に活用する．アナログ回路では待機時に停止すると始動後に動作が安定するまで時間がかかる場合がある．

(ソフトウェア)

消費電力の軽減に最も効果的な対策は，ソフトウェア実装の工夫と言える．プログラムの実行時間を短縮できればスリープ時間が長くでき，あるいは低クロック化もしやすくなる．

高級言語による簡潔なプログラム記述は，実行時に大幅な負荷の増大を招くことがある．演算時間の削減には，演算量を減らすアルゴリズムを工夫するとともに，多バイトの整数型 (long) や浮動小数点数型 (float, double) を使わずに済ませられるか検討する．周辺デバイスとの通信にはプロトコルに沿ったデータ転送に多くの時間を要することがある．無線デバイスなど通信中の電力消費が大きいものでは，特に通信データ量を削減することも重要となる．

簡単な例として，時計をプログラムしたものがリスト 3.10 である．1 秒ごとにスリープ状態から起動し，秒カウンタを増やし，「時：分：秒」を表示させる．ここではシリアル通信でコンソール表示する．クロックは 32,768 kHz が一般的であるが，8/16 MHz を分周したシステムクロックで代用する．Power Save モードでのスリープは内蔵周辺機能へのクロック供給がほとんど休止する．間欠起動には，このモードで停止しない Timer2 割り込みを用いる．

リスト 3.10: 一般的な時刻表示

```c
#include <stdio.h>
#include "common.h"

ISR(TIMER2_COMPA_vect)
{
}

int main(void)
{
    long   sec;
    char   time[12];

    wdt_enable(WDTO_2S);
    init_clock(CLKPS_62500Hz);

    // Timer2 (1sec)
    OCR2A = (62500 >> 8) - 1;
    TCCR2A = 0x02;
    TCCR2B = 0x06; // 1/256
    TIMSK2 = (1 << OCIE2A);

    display_init();
```

```
23      set_sleep_mode(SLEEP_MODE_IDLE);//PWR_SAVE);
24      sei();
25      for (sec = 0;; sec++)
26      {
27          wdt_reset();
28          sleep_mode();
29          do_something(1);
30
31          sprintf(time, "%02d:%02d:%02d\r\n",
32              (int)(sec / 3600) % 24, // 時
33              (int)(sec / 60) % 60, // 分
34              (int)(sec % 60));   // 秒
35
36          display_data(time, 0, 10);
37      }
38  }
```

このプログラムで実際に文字列生成部分の所要時間を計ると3000クロック程度となる．時分計算での除算，剰余算と，sprintf()での整数/文字列変換のコストが大きいうえ，秒ごとに時，分をすべて再計算することが処理を重くしている．

更新が必要な部分だけを加減算のみで行うと，リスト3.11となる．

リスト3.11: 演算量の少ない時計

```
1   #include <stdio.h>
2   #include "common.h"
3
4   ISR(TIMER2_COMPA_vect)
5   {
6   }
7
8   int main(void)
9   {
10      unsigned char n;
11      char    time[12];
12
13      wdt_enable(WDTO_2S);
14      init_clock(CLKPS_62500Hz);
15
16      // Timer2 (1Sec)
17      OCR2A = (62500 >> 8) - 1;
18      TCCR2A = 0x02;
19      TCCR2B = 0x06; // 1/256
20      TIMSK2 = (1 << OCIE2A);
21
22      display_init();
23
24      strcpy(time, "23:59:49\r\n");
25      display_data(time, 0, 10);
26
27      set_sleep_mode(SLEEP_MODE_PWR_SAVE);
28      sei();
29      for (;;)
30      {
31          wdt_reset();
32          sleep_mode();
33
34          n = 7;
35          if (++time[n] > '9')
36          {
37              time[n--] = '0';
```

```
38              if (++time[n] > '5')
39              {
40                  time[n--] = '0';
41                  n--;
42                  if (++time[n] > '9')
43                  {
44                      time[n--] = '0';
45                      if (++time[n] > '5')
46                      {
47                          time[n--] = '0';
48                          n--;
49                          if (++time[n] > '9')
50                          {
51                              time[n--] = '0';
52                              ++time[n];
53                          }
54                          else if (time[n] == '4' && time[n-1] == '2')
55                          {
56                              time[n--] = '0';
57                              time[n] = '0';
58                          }
59                      }
60                  }
61              }
62          }
63
64          display_data(time, n, 8 - n);
65      }
66  }
```

この例では毎秒の計算の所要時間は平均して 10 クロック程度になる．通信部分のコード display_data() は割愛するが，ここには更新された文字列部分のみ渡すようにしてある．桁上がりがなければ最下位の 1 文字だけが送られる．

処理能力の低いマイコンにおいては，処理の軽量化は重要な実装技術となる．ときには出力されるアセンブラを確認[9]して，生成コードをイメージできるようになっておくとよい．

[9] リンカで .lst ファイルを出力する．

演習問題 2

データシートを参照して
1. 各スリープモードの特性を比較しなさい．
2. 各スリープモードの消費電流を読み取りなさい．
3. 文字送出が完了するまでスリープモードに入らないよう直しなさい．

時計の例について
1. システムクロックはどの周波数にするのが最適か検討しなさい．
2. 数値をゼロブランキング表示とするよう改造しなさい．
3. 2 ボタンによる時刻設定の機能を追加しなさい．
   （チャタリング対策し，設定中の待ち時間もスリープすること）

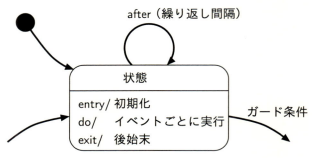

図 3.5: UML 形式のステートマシン図

3.2 状態の制御

3.2.1 ステートマシン

組込み機器は，入力信号に対して出力信号を順次生成するシステムである．出力信号は，特定の入力値あるいは「きっかけ」による処理の実行が繰り返される中で合成されていく．これは，前節でのイベント駆動の仕組みが多数連鎖したものと考えてもよい．この「きっかけ」＋「動作」のまとまりを「状態」として，相互の連鎖関係を整理したものがステートマシン図である．システムをステートマシン図に正しく表記できれば，動作構造が明瞭で矛盾や抜けのないプログラムを実装できる．

イベント駆動のプログラムは

　　　　イベントを待つ　　→　そのイベントに対応する処理を実行

のブロックが複数共存する構造であるが，個々の処理は互いに独立していた．これを 1 つの【状態】として，互いが連鎖することでシステムが機能するモデルを考える．状態は，その状態に遷移したときの初期化処理，（定期的に）実行される処理，状態を遷移する前の後始末，次の状態へ移る条件，のまとまりとする．これらは UML のステートマシン図では，entry アクション，do アクティビティ，exit アクション，およびガード条件に対応する（図 3.5）．各状態では after で指定される一定時間ごとに do アクティビティを実行し，この中でガード条件を検査するものとする．

プログラミングの前に，この図を以下のように整理する[10]．

[10] entry アクションは前状態の exit アクションに含めると実装しやすい．

【状態】
　　　定時イベントが発生し，
　　　　　遷移条件が成立？
　　　　　　　→　この状態の終了処理
　　　　　　　→　次の状態を初期化
　　　　　　　→　次の状態に移行
　　　　　成立しなければ
　　　　　　　→　この状態の処理を実行

この構造をそのまま for 文と switch～case 文でプログラム化すればよい（リスト 3.12）．

リスト 3.12: for ループと switch 文によるステートマシン

```
for (;;) {
    時間待ち

    switch (状態) {

        case 状態 1 :
            if (遷移条件成立) {
                状態 1 の終了処理；
                状態 2 の初期化；
                状態 ＝ 状態 2；
            }
            else {
                状態 1 の処理；
            }
            break;

        case 状態 2 :
            ...
    }
```

for 文の繰り返しをタイマ・カウンタや割り込みで一定時間ごとに起動させることにより，変数カウンタを用いて処理の起動や持続の時間を管理できる．

演習問題 1

1. マトリクス LED 表示の点灯が，左ボタンを押すごとに 1 列ずつ左側に塗りつぶされ，右ボタンで 1 列ずつ右側に消灯するプログラムのステートマシン図を描きなさい．ボタンを押し続けたときに反応が繰り返されないよう考慮すること．
2. このプログラムをステートマシン図に沿って実装しなさい．また，リスト

3.13 と同等の動作となっているか確認しなさい．

リスト 3.13: スイッチと表示の制御

```
1  #include "common.h"
2
3  enum {
4      ST_OFF = SWOFF,
5      ST_SW1 = SW1,
6      ST_SW2 = SW2,
7      ST_SW3 = SW3,
8      ST_RELEASE
9  };
10
11 int main(void)
12 {
13     char state = ST_RELEASE;
14
15     init_port();
16
17     TCCR0A = 0x00;
18     TCCR0B = 0x05; // normal, 1/1024 clk
19
20     for (;;)
21     {
22         wdt_reset();
23         if ((TIFR0 & (1 << TOV0)) == 0) {
24             continue;
25         }
26         TIFR0 = (1 << TOV0);
27
28         switch (state) {
29             case ST_OFF: state = sw();
30                     break;
31
32             case ST_SW1: PORTB = (PORTB << 1) | 1;
33                     state = ST_RELEASE;
34                     break;
35
36             case ST_SW2: PORTB >>= 1;
37                     state = ST_RELEASE;
38                     break;
39
40             default:  if (sw() == SWOFF) {
41                         state = ST_OFF;
42                     }
43         }
44     }
45 }
```

エレベータの操作パネル

エレベータ内に取り付けられる操作パネルの動作をプログラムする．このエレベータは 1 階ずつ昇降するもので，パネルは現在階および上昇下降の矢印を表示するマトリクス LED，2 つの押しボタンスイッチ（SW1:下降，SW2:上昇），および高低音を発生するブザーを備えるものとする．

(1) 待機中に下降ボタン (SW1) が押されると 1 つ下の階へ，上昇ボタン (SW2) が押されると 1 つ上の階へ移動する．

3.2 状態の制御　171

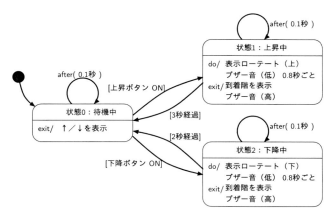

図 3.6: エレベータ操作パネルのステートマシン

(2) エレベータの待機中（停止中）は現在の階（1〜6）を，上昇中は，「↑」を 0.1 秒に 1 段ずつ上方向ローテートシフトで 3 秒間，下降中は，「↓」を 0.1 秒に 1 段ずつ下方向ローテートシフトで 2 秒間，表示する．

(3) ブザー音は，上昇・下降中は 0.8 秒ごとに低音，到着時に高音を，0.1 秒間鳴らす．

この動作をステートマシン図に整理すると図 3.6 となる．ステートマシンを 0.1 秒ごとに起動される割り込み処理に記述すればリスト 3.14 となる．

リスト 3.14: エレベータ操作パネル

```c
#include <avr/io.h>
#include <avr/interrupt.h>
#include <avr/wdt.h>

#define SW ((~PINC >> 4) & 3)
#define LED_SZ 8

#define BEEP_OFF 0
#define BEEP_ON  0x44
#define BEEP_LOW 141 // 440Hz
#define BEEP_HIGH 71 // 880Hz

// 表示のドットパターン
const unsigned char led[8][8] = {
    { 0x18, 0x18, 0x18, 0x18, 0x7e, 0x3c, 0x18, 0x00 }, // ↓
    { 0x08, 0x18, 0x08, 0x08, 0x08, 0x08, 0x1C, 0x00 }, // 1
    { 0x3C, 0x42, 0x02, 0x04, 0x10, 0x20, 0x7E, 0x00 }, // 2
    { 0x3C, 0x42, 0x02, 0x3C, 0x02, 0x42, 0x3C, 0x00 }, // 3
    { 0x04, 0x0C, 0x14, 0x24, 0x44, 0x7E, 0x04, 0x00 }, // 4
    { 0x7E, 0x40, 0x40, 0x7C, 0x02, 0x02, 0x7C, 0x00 }, // 5
    { 0x3C, 0x42, 0x40, 0x7C, 0x42, 0x42, 0x3C, 0x00 }, // 6
    { 0x00, 0x18, 0x3c, 0x7e, 0x18, 0x18, 0x18, 0x18 }  // ↑
};

volatile unsigned char n = 0; // 表示パターン
volatile unsigned char k = 0; // ローテート

/* マトリクスLED の走査 */
```

```c
29  ISR(TIMER0_COMPA_vect)
30  {
31      static unsigned char sc = 0xfe;
32      static unsigned char scan = 0;
33
34      sc = (sc << 1) | (sc >> 7);
35      PORTD = (PORTD & 0x0f) | (sc & 0xf0);
36      PORTC = (PORTC & 0xf0) | (sc & 0x0f);
37      scan = (scan + 1) & 7;
38      PORTB = led[n][(scan + k) & 7];
39  }
40
41  /* エレベーターの操作 */
42  ISR(TIMER1_COMPA_vect)
43  {
44      static unsigned char state = 1;   // ステート
45      static unsigned char flr = 2;    // 階
46      static unsigned char repeat = 1; // 繰り返し
47
48      TCCR2B = BEEP_OFF;
49
50      switch (state) {
51          case 0:    // 待機中
52              if (SW == 1 && flr > 1) {   // 下降ボタン ON
53                  n = 0;
54                  repeat = 20;    // 2秒タイマ
55                  OCR2A = BEEP_LOW;
56                  TCCR2B = BEEP_ON;
57                  state = 1;
58              }
59              else if (SW == 2 && flr < 6) { // 上昇ボタン ON
60                  n = 7;
61                  repeat = 30;    // 3秒タイマ
62                  OCR2A = BEEP_LOW;
63                  TCCR2B = BEEP_ON;
64                  state = 2;
65              }
66              break;
67
68          case 1:    // 下降中
69              repeat--;
70              if (repeat == 0) { // 到着
71                  flr--;
72                  n = flr;   // 到着階を表示
73                  k = 0;
74                  OCR2A = BEEP_HIGH;
75                  TCCR2B = BEEP_ON;
76                  state = 0;
77              }
78              else {
79                  k--;       // 下方向ローテート
80                  if ((repeat & 7) == 0) {
81                      TCCR2B = BEEP_ON;
82                  }
83              }
84              break;
85
86          case 2:    // 上昇中
87              repeat--;
88              if (repeat == 0) { // 到着
89                  flr++;
90                  n = flr;   // 到着階を表示
91                  k = 0;
92                  OCR2A = BEEP_HIGH;
```

```
 93                TCCR2B = BEEP_ON;
 94                state = 0;
 95            }
 96            else {
 97                k++;       // 上方向ローテート
 98                if ((repeat & 7) == 0) {
 99                    TCCR2B = BEEP_ON;
100                }
101            }
102            break;
103    }
104 }
105
106 int main(void)
107 {
108     DDRB = 0xff;
109     DDRC = 0x0f;
110     DDRD = 0xfe;
111     PORTC = 0x30;
112
113     /* ダイナミック点灯割り込み */
114     OCR0A = 249; /* 2mS */
115     TCCR0A = 2;
116     TCCR0B = 3; /* 1/64 */
117     TIMSK0 = (1 << OCIE0A);
118
119     /* ステートマシン割り込み */
120     OCR1A = 3124; /* 100mS */
121     TCCR1A = 0;
122     TCCR1B = 0x0c; /* 1/256 */
123     TIMSK1 = (1 << OCIE1A);
124
125     /* ブザー用タイマ */
126     TCCR2A = 0x12;
127     TCCR2B = 0;
128
129     sei();
130     for (;;) {
131         wdt_reset();
132     }
133     return 0;
134 }
```

交通信号機

　この例では交差点の信号機の動作をプログラムする．緑・黄・赤の点灯が順に切り替わる車両用信号について，緑，黄の点灯時間をそれぞれ6秒，2秒とし（図3.7）．PORTB 0～2に対応するLEDが接続されているものとしてマトリクスLED上で動作を確認する．

　0.5秒ごとの時刻イベント[11]で時間を計り，表示時間のタイムアウトにより次の状態に移る．

　各状態の始めでカウント値をセットし，0.5秒ごとの定時イベントでダウンカウント，カウント値が0となったら次の状態へ，を繰り返す．状態遷移図を図3.8に，対応するプログラムをリスト3.15に示す．

[11] あとの例で点滅させるため0.5秒とした．

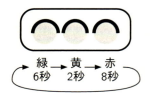

図 3.7: 車両用の信号機

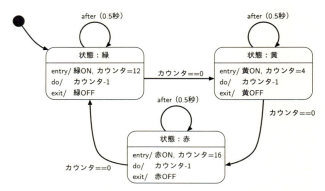

図 3.8: 車両用信号機（片側）の状態遷移

リスト 3.15: 車両用の信号機

```c
#include "common.h"

enum {
    NS_GREEN,
    NS_YELLOW,
    NS_RED,
};

enum {
    TM_GREEN = 12,
    TM_YELLOW = 4,
    TM_RED   = (TM_GREEN+TM_YELLOW),
};

enum {
    LED_GREEN  = (1 << 2),
    LED_YELLOW = (1 << 1),
    LED_RED    = (1 << 0),
};


int main(void)
{
    unsigned char s = NS_GREEN;
    unsigned char wait = TM_GREEN;

    init_clock(CLKPS_62500Hz);
    init_port();

    PORTB = LED_GREEN;

    TCCR1A = 0x00;
```

```c
33      TCCR1B = 0x01;
34      OCR1A = 31249;   // 0.5 Sec
35
36      for (;;)
37      {
38          wdt_reset();
39          if ((TIFR1 & (1 << OCF1A)) == 0) {
40              continue;
41          }
42          TIFR1 = (1 << OCF1A);
43
44          switch (s) {
45              case NS_GREEN:
46                  if (--wait == 0) {   // 次の状態に移る条件
47                      PORTB = LED_YELLOW; // 次の状態の初期化処理
48                      wait = TM_YELLOW;
49                      s = NS_YELLOW;
50                      break;
51                  }
52                  // 今の状態での処理
53                  break;
54
55              case NS_YELLOW:
56                  if (--wait == 0) {
57                      PORTB = LED_RED;
58                      wait = TM_RED;
59                      s = NS_RED;
60                  }
61                  break;
62
63              case NS_RED:
64                  if (--wait == 0) {
65                      PORTB = LED_GREEN;
66                      wait = TM_GREEN;
67                      s = NS_GREEN;
68                  }
69                  break;
70          }
71      }
72  }
```

演習問題 2

図 3.9（176 ページ）に以下の機能を追加しなさい．

1. 歩行者用の信号機：車用信号が緑のとき，先に歩行者信号の緑が点滅を始め，赤になり，車用信号が黄，赤となる．
2. 歩行者用の押しボタン：交差方向の歩行者が押しボタンを押すと，信号切り替えを早める．
3. 交差方向の信号：交差方向は進行方向が緑・黄のときは赤，赤のときは緑・黄となる．歩行者用の信号も含め，進行方向と交差方向の信号機をプログラムせよ．

176　3　組込みプログラムの構成法

（点滅）

　　　　車両用信号　　　歩行者用信号　　歩行者用ボタン

図 3.9: 信号機への歩行者用信号の追加

【解答例】

まず状態を列挙する．信号に対応させると，

- 緑（車両）／緑（歩行者）
- 緑（車両）／緑点滅（歩行者）
- 緑（車両）／赤（歩行者）
- 黄（車両）／赤（歩行者）
- 赤（車両）／赤（歩行者）

の 5 つに整理できる．緑点滅を緑点灯と緑消灯の 2 状態に分けてもよい．更に，緑（車両）／緑（歩行者）のとき交差方向で歩行者ボタンが押されたときの状態を追加し，1 秒後に緑（車両）／赤（歩行者）状態に遷移させる．

とりあえずここまででステートマシン図を描く．交差方向も含めると状態は倍増するが，一方が青〜黄のとき他方は常に赤であるからプログラムとしては方向識別フラグ (dir) を使って記述を簡略化できる．歩行者用信号を追加したプログラムを 3.16 に示す．

リスト 3.16: 車両と歩行者用の信号機

```
1  #include "common.h"
2
3  enum {
4      SG_GREEN,
5      SG_WALK_BLINK,
6      SG_GREEN_RED,
7      SG_YELLOW,
8      SG_RED,
9  };
10
11 enum {
12     TM_GREEN      = 16,
13     TM_WALK_BLINK = 8,
14     TM_YELLOW     = 6,
15     TM_BLINK      = 1
16 };
17
18 enum {
19     LED_GREEN      = (1 << 6),
20     LED_YELLOW     = (1 << 5),
21     LED_RED        = (1 << 4),
22     LED_WALK_GREEN = (1 << 2),
```

```c
       LED_WALK_RED = (1 << 1),
   };

   int main(void)
   {
       unsigned char s = SG_YELLOW;
       unsigned char dir = 0;
       unsigned char wait = 1;
       unsigned char blink = 0;
       unsigned char button = 0;
       unsigned char out = 0;
       unsigned char outNS = 0;
       unsigned char outEW = 0;

       init_clock(CLKPS_62500Hz);
       init_port();

       TCCR1A = 0x00;
       TCCR1B = 0x01;
       OCR1A = 31249; // 0.5 秒

       for (;;)
       {
           wdt_reset();
           if ((TIFR1 & (1 << OCF1A)) == 0) {
               continue;
           }
           TIFR1 = (1 << OCF1A);

           switch (s) {
               case SG_GREEN:
               // 一定時間後に　緑(歩行者) →　緑点滅(歩行者)
               if (--wait == 0) {
                   out = LED_GREEN;
                   wait = TM_WALK_BLINK;
                   blink = TM_BLINK;
                   s = SG_WALK_BLINK;
                   break;
               }
               // 交差方向歩行者の押しボタン →　タイムアウトを早める
               if (wait >= 2) {
                   button = sw();
                   if ((dir == 0 && button == SW1) ||
                       (dir == 1 && button == SW2)) {
                       out ^= 0xff;
                       wait = 2;
                   }
               }
               break;

               case SG_WALK_BLINK:
               // 一定時間後に　緑点滅(歩行者)→ 赤(歩行者)／黄(車両)
               if (--wait == 0) {
                   out = LED_YELLOW | LED_WALK_RED;
                   wait = TM_YELLOW;
                   s = SG_YELLOW;
                   break;
               }
               // 緑点滅(歩行者)
               if (--blink == 0) {
                   blink = TM_BLINK;
                   out ^= LED_WALK_GREEN;
               }
               break;
```

```
 88              case SG_YELLOW:
 89              // 一定時間後に  黄(車両)→ 赤(車両)
 90              if (--wait == 0) {
 91                  out = LED_GREEN | LED_WALK_GREEN;
 92                  wait = TM_GREEN;
 93                  s = SG_GREEN;
 94                  dir ^= 1; // 交差方向の切り替え
 95                  break;
 96              }
 97              break;
 98          }
 99
100          // 信号パターンを出力
101          if (dir) {
102              // 南北方向
103              outNS = out;
104              outEW = LED_RED | LED_WALK_RED;
105          }
106          else {
107              // 東西方向
108              outNS = LED_RED | LED_WALK_RED;
109              outEW = out;
110          }
111          PORTB = outNS;
112      }
113  }
```

演習問題 3

1. ブザーで歩行者用のメロディー（夕焼け小焼け，とうりゃんせ）を流しなさい．
2. 交差方向の交通量によって，青信号の時間配分を調整できるようにしなさい．
3. 右折可の矢印信号を追加しなさい．

ソフトウェア UART

　多くのマイコンには，シリアル通信を行うための周辺機能として UART が内蔵されている．パラレル信号とシリアル信号の相互変換を行うための，シフトレジスタを中心とした回路である．マイコンによっては UART が内蔵されていない，あるいは 1 つのマイコンで多数の UART 回線が必要になるときがある．ここではパラレルポートのビットをソフトウェアで ON/OFF することで，UART 相当の機能を実現する．データビットは 8 または 7 ビットとし，パリティビットにも対応する．

　UART で送受信する信号のフォーマットを図 3.10 に示す．クロックの立ち上がりエッジでデータの送出または取り込みを行うが，このクロックは送受信側で

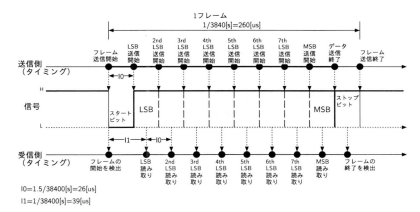

図 3.10: 信号フォーマット

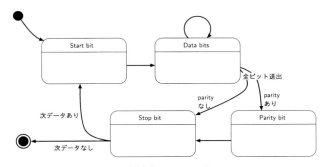

図 3.11: 送信時のステートマシン

取り決めた周期（ボーレート）であり非同期通信では伝送しない．受信側クロックの位相はスタートビットによって同期させる．

まず送信であるが，ボーレートのビット時間ごとにスタートビットから順に送出する．ビット時間ごとにイベントを発生させるとして，ステートマシンは図 3.11 となる．

受信では，受け取った信号の H／L をデータビットの中央で判定する．信号の立下りでスタートビット開始を検出し，0.5 ビット時間後にスタートビットが維持されているかを確認する．以降は 1 ビット時間ごとにサンプリングしてシフト格納を繰り返す．この流れを図 3.12 に示す．

送受信を含めたソフトウェア UART の実装はリスト 3.17 となる．受信時のスタートビットはピン変化割り込みで検出し，あとは各ビットの中央となるタイミングをタイマ割り込みで作る．送信も同じビット時間での割り込みで出力するが，タイマの使い方には注意を要する．送受信のビット時間は同じであってもクロックの位相は一致しないため，そのままでは全二重通信でタイマを共有できな

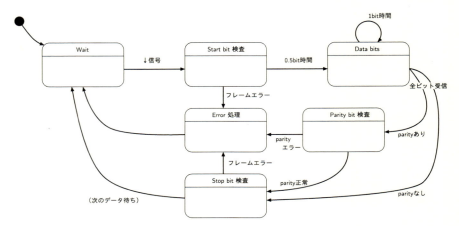

図 3.12: 受信時のステートマシン

い．ここではタイマをノーマルモードで使い，OCRA, OCRB を逐次更新してそれぞれの割り込みを発生させることにより，1つのタイマで全二重の送受信を実現した．

リスト 3.17: ソフトウェア UART

```
#include <avr/io.h>
#include <avr/interrupt.h>
#include <avr/wdt.h>

#define SOFT_RX
#define SOFT_TX

#define F_CPU   8000000UL
#define BAUD    4800
#define DATA_BIT 8
#define PARITY   0 // even: 2, odd: 3

#define BUF_SZ 4

#define RX_BIT (1<<0)
#define TX_BIT (1<<1)

const unsigned char baudrate = (unsigned char)((F_CPU / 8) / BAUD -
    1);

static volatile unsigned char errstat;

static volatile char rx_state = 0;
static volatile char tx_state = 0;
static volatile unsigned char iwptr, urptr;
static volatile unsigned char irptr, uwptr;
static volatile unsigned char rbuf[BUF_SZ];
static volatile unsigned char tbuf[BUF_SZ];

#ifdef SOFT_RX
static void sequence_rx()
{
    static unsigned char data, parity;
    static signed char databit, pcheck;
```

```c
    switch (rx_state) {

    case 1:   // スタートビットの確認
        if (PIND & 1) {
            TIMSK0 &= ~_BV(OCIE0A);
            PCMSK2 |= _BV(PCINT16);
            rx_state = 0;
            break;
        }
        databit = DATA_BIT;
        pcheck = PARITY; // even: 2, odd: 3
        data = 0;
        parity = 0;
        errstat = 0;
        rx_state++;
        break;

    case 2:   // LSB -> MSB
        data >>= 1;
        if (PIND & 1) {
            data |= 0x80;
            parity++;
        }
        if (--databit == 0) {
            rx_state++;
            if (pcheck == 0) {
                rx_state++;
            }
        }
        break;

    case 3:   // パリティビットの検査
        if (PIND & 1) {
            parity++;
        }
        if ((parity+pcheck) & 1) {
            errstat |= 1;
        }
        rx_state++;
        break;

    default: // ストップビットの確認
        if ((PIND & 1) == 0) {
            errstat |= 2;
        }
        // 受信データをバッファに格納
        rbuf[iwptr++] = data;
        iwptr &= (BUF_SZ - 1);

        // タイマ割り込みを停止
        TIMSK0 &= ~_BV(OCIE0A);
        // ピン変化割り込みを再開
        PCMSK2 |= _BV(PCINT16);
        PCIFR |= _BV(PCIF2);
        rx_state = 0;
        break;
    }
}

// スタートビット開始位置で割り込み
ISR(PCINT2_vect)
{
    if ((PIND & 1) == 0) {
```

```c
            // ピン変化割り込みを停止
            PCMSK2 &= ~_BV(PCINT16);

            // 0.5ビット時間後のタイマ割り込み起動
            OCR0A = TCNT0 + (baudrate >> 1); // 0.5
            TIFR0 = _BV(OCF0A);
            TIMSK0 |= _BV(OCIE0A);
            rx_state = 1;
        }
}

// 受信ビットの中間位置で割り込み
ISR(TIMER0_COMPA_vect)
{
    // 1ビット時間ごとにサンプリング
    OCR0A += baudrate;
    sequence_rx();
}
#endif

#ifdef SOFT_TX
static void sequence_tx()
{
    static unsigned char data, parity;
    static unsigned char databit, pcheck;

    switch (tx_state) {
        case 0:
            if (irptr == uwptr) {
                break;
            }
            // 1ビット時間ごとのタイマ割り込み起動
            OCR0B = TCNT0 + baudrate;
            TIFR0 = _BV(OCF0B);
            TIMSK0 |= _BV(OCIE0B);
            tx_state++;

        case 1:
            // スタートビット送出
            PORTD &= ~TX_BIT;
            // 送出データの準備
            data = tbuf[irptr++];
            irptr &= (BUF_SZ - 1);
            databit = DATA_BIT;
            pcheck = PARITY; // even: 2, odd: 3
            parity = pcheck;
            tx_state++;
            break;

        case 2:   // LSB -> MSB
            if (data & 1) {
                PORTD |= TX_BIT;
                parity++;
            }
            else {
                PORTD &= ~TX_BIT;
            }
            data >>= 1;
            if (--databit == 0) {
                tx_state++;
                if (pcheck == 0) {
                    tx_state++;
                }
            }
            break;
```

```c
            case 3:    // パリティビット送出
                if (parity & 1) {
                    PORTD |= TX_BIT;
                }
                else {
                    PORTD &= ~TX_BIT;
                }
                tx_state++;
                break;

            case 4:    // ストップビット送出
                PORTD |= TX_BIT;
                if (irptr != uwptr) {
                    tx_state = 1;
                    break;
                }
                tx_state++;
                break;

            default:
                if (irptr != uwptr) {
                    tx_state = 1;
                    break;
                }
                // タイマ割り込みを停止
                TIMSK0 &= ~_BV(OCIE0B);
                tx_state = 0;
                break;
        }
}

// 送信ビットの開始位置で割り込み
ISR(TIMER0_COMPB_vect)
{
    // 1ビット時間ごとに送出
    OCR0B += baudrate;
    sequence_tx();
}
#endif



int main(void)
{
    DDRD = TX_BIT;
    PORTD = TX_BIT;

#ifdef SOFT_RX
    PCICR |= _BV(PCIE2);
    PCMSK2 = _BV(PCINT16);
#endif

    /* タイマ設定 */
#if defined(SOFT_RX) || defined(SOFT_TX)
    TCCR0A = 0x00;
    TCCR0B = 0x02; /* 1/8 */
#endif

    /* USART設定(マイコン内蔵のUSARTを使う場合-デバッグ用) */
#if !defined(SOFT_RX) || !defined(SOFT_TX)
    UBRR0 = baudrate >> 1;
    UCSR0C = (PARITY << 4) | ((DATA_BIT - 5) << 1);
#if !defined(SOFT_RX)
    UCSR0B |= _BV(RXEN0);
```

```
227 #endif
228 #if !defined(SOFT_TX)
229     UCSR0B |= _BV(TXEN0);
230 #endif
231 #endif
232
233     uwptr = irptr = 0;
234     sei();
235     for (;;) {
236         wdt_reset();
237
238         // echo back
239
240 #if !defined(SOFT_RX) && !defined(SOFT_TX)
241         if (UCSR0A & _BV(RXC0)) {
242             UDR0 = UDR0;
243         }
244 #endif
245
246 #if defined(SOFT_RX) && !defined(SOFT_TX)
247         if (urptr != iwptr && UCSR0A & _BV(UDRE0)) {
248             UDR0 = rbuf[urptr++];
249             urptr &= (BUF_SZ - 1);
250         }
251 #endif
252
253 #if !defined(SOFT_RX) && defined(SOFT_TX)
254         if (UCSR0A & _BV(RXC0)) {
255             tbuf[uwptr++] = UDR0;
256             uwptr &= (BUF_SZ - 1);
257         }
258         if (uwptr != irptr && tx_state == 0) {
259             sequence_tx();
260         }
261 #endif
262
263 #if defined(SOFT_RX) && defined(SOFT_TX)
264         if (urptr != iwptr) {
265             unsigned char nptr;
266
267             nptr = (uwptr + 1) & (BUF_SZ - 1);
268             if (nptr != irptr) {
269                 tbuf[uwptr++] = rbuf[urptr++];
270                 urptr &= (BUF_SZ - 1);
271                 uwptr &= (BUF_SZ - 1);
272             }
273             if (uwptr != irptr && tx_state == 0) {
274                 sequence_tx();
275             }
276         }
277 #endif
278     }
279
280     return 0;
281 }
```

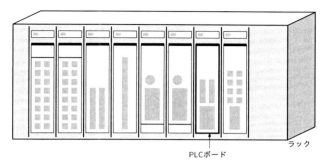

図 3.13: PLC によるシーケンス制御システム

> **演習問題 4**

1. ソフトウェアによる通信プログラムが同時に複数回線で動作するように改造しなさい．例えば，8 つのシリアル回線をバッファリングしながらエコーバックさせなさい．

3.2.2 シーケンス制御

組込み機器の多くは C 言語を用いてプログラムされるが，現実の制御システムの中にはやや異なる方法で実装されるものがある．PLC (Programmable Logic Controller) によるシーケンス制御と呼ばれるもので，工場などの大型の生産設備や工作機械の制御に広く使われている（図 3.13)[12]．マイコンを使ったプログラム制御の一種であるが，開発は専用の統合環境で作図によりプログラミングしデバッグする独特のスタイルで進められる．ここでは PLC プログラミングの基本について，C 言語上のフレームワークと AVR マイコンを用いて学ぶ．

[12] マイコン基板と多種の I/O がラックに配置され外部機器を制御する構成が一般的．

（PLC とラダー図）

コンピュータが普及する以前から工場の生産設備などでは制御の自動化が進められ，スイッチやリレーを巧みに組み合わせて複雑な制御が行われてきた．それらは現在でも稼働しているが，近年では機械式の制御がコンピュータ (PLC) に置き換えられつつある．制御手順となるスイッチやリレー，機械式タイマなどの結線をラダーと呼ばれる図に記述することが多く[13]，PLC においてもラダー記述をコンパイルしたコードをマイクロコントローラで実行する構成がとられている．

[13] 日本では特に普及している．

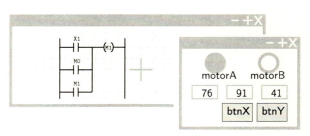

図 3.14: ラダーによるプログラム開発

(ラダープログラム)

　ラダー図は，無限ループ内でビット単位の演算を実行するプログラム，と考えてよい．入力に対する制御出力の計算を多数，高速に繰り返す構造となっている．図の上段から順に，左端から右端への接続（ラング）によって内部状態や制御信号が導出される．全体を一通り計算する時間をスキャンタイムと呼び，これが制御の応答時間に相当する．スキャンタイムは計算内容によってばらつくが，一定時間ごとにスキャンされるよう設定することもできる．

(ラダー PLC の特徴)

- 内部状態や制御信号の導出経路が部品の接続図として示される．
- ビット単位でプログラムする（数値など多バイトデータの扱いは可能）．
- 一連の制御信号生成の記述に沿って演算が行われ，繰り返される．
- 基本的な制御であれば，PLC を使わず機械式のシステムで実現できる．

　ラダーによるプログラミングには専用の開発環境を必要とする．これは PLC メーカ各社が用意しており，グラフィカルなエディタ，シミュレータ，デバッガなどを含む高機能なものである．その一例を図 3.14 に示す．ラダー図の基本構造は共通であるが，各社 PLC に合わせた拡張がなされているため，メーカ間でのプログラムの互換性はほとんどないと言ってよい．

　ここでは試みに，初歩的なラダー回路を AVR マイコンで実行する．これはテキストエディタで記述したラダープログラムを C 言語の論理式に変換し，ラダー用のフレームワークに取り込んでコンパイル，実行するものである．本稿では接点は図 3.15 の形式で記述する．

　基本的なラダー記述の例を示す．X は入力信号，M は内部状態（リレー），Y は出力信号，T はタイマ，C はカウンタである．図の右側は C 言語の論理式（バイト配列での論理演算式）を対応させたものである[14]．

[14) ラダーの各段（ラング）は左から右に信号が伝わるが，論理式では右辺を左辺に代入することに注意．

3.2 状態の制御   187

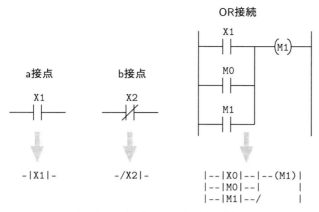

図 3.15: ラダーのテキスト記述

```
|         |
|--|X0|----------------(Y1)|        _Y[1] = X[0];
|         |
```

（・入力変化がそのまま出力信号に得られる．）

図 3.16: スイッチ

```
|         |
|--|X0|--|--------------(M0)|
|--|M0|--/         |          _M[0] = X[0] || M[0];
|         |                    _Y[1] = M[0];
|--|M0|----------------(Y1)|
|         |
```

（・入力がいったん H レベルになると，H を維持する．）

図 3.17: 自己保持

```
|         |
|--|X0|---------------P(M0)|
|         |                        _M[0] = PLS_X(0);
|--|M0|--/M1|--|--------(M1)|     _M[1] = (M[0] && !M[1]) || (!M[0] && M[1]);
|--/M0|--|M1|--/      |           _Y[1] = M[1];
|         |
|--|M1|----------------(Y1)|
|         |
```

（・入力の立ち上がり変化時のパルス（M0）が得られるたびに出力が反転する．
・例えばボタンを押すたびに ON/OFF を切り替える用途に使う．）

図 3.18: オルタネート

```
|         |
|--|X0|--/T1|---------[T0:5]|
|         |                       _T(0, 5, X[0] && !T[1]);
|--|T0|--------------[T1:5]|     _T(1, 5, T[0]);
|         |                       _Y[1] = T[0];
|--|T0|----------------(Y1)|
|         |
```

（・タイマ（T）は始動して一定時間後に ON となる．0.1 秒単位のタイマであれ
ば，0.5 秒ごとに出力が ON/OFF する．）

図 3.19: フリッカー

(ラダー C 変換)

テキストによるラダー記述は簡単なプログラムによりCの論理式に変換できる．ラングを1行ずつ読み込み，部品を左側から順に AND 連結して右端に出力する．OR 記号があれば次行を読み込み出力し，OR 連結する．

リスト 3.18: ラダーから C 論理式への変換

```
1   /*
2       ladder2c.c (PC 上でコンパイルして変換)
3
4       usage: ladder2.c < ladder.plc > ladder.c
5   */
6   #include <stdio.h>
7   #include <string.h>
8
9   // ... 省略
10
11  // 識別子・数値を出力
12  static int gen_obj(char *t)
13  {
14      // ...
15  }
16
17  // トークンに分割
18  static int split(char *p[], int n, char *s, const char *d)
19  {
20      // ...
21  }
22
23  // ラダーの解析
24  static int parse_ladder(char *p, int k)
25  {
26      int  i;
27      int  n = -1;
28      char *t;
29
30      // ラングの読み込み
31      do {
32          if (gets(p) == NULL) {
33              break;
34          }
35          n = split(&tok[k], TOK_SZ - k, p, "\t\r\n -)]");
36
37      } while (n < 3 || *tok[k] != '|' || *tok[k + n - 1] != '|');
38      if (n < 3) {
39          return -1;
40      }
41      n -= 2;
42
43      // 代入式
44      t = tok[k + n];
45      if (*t != '/') {
46          t += gen_obj(t);
47      }
48
49      // OR 結合の数だけ '(' を前置
50      for (i = 1; i < n; i++) {
51          t = tok[k + i];
52
53          if (*t == '|' && *(t + 1) == 0) {
```

```
54              *cp++ = '␣';
55              *cp++ = '(';
56          }
57      }
58
59      // C 論理式の生成
60      for (i = 1; i < n; i++) {
61          t = tok[k + i];
62
63          // OR 結合なら次段を再帰的に解析し結合
64          if (*t == '|' && *(t + 1) == 0) {
65              // ...
66              *cp++ = '␣';
67              *cp++ = '|';
68              *cp++ = '|';
69              parse_ladder(tok[k + n], k + n);
70              *cp++ = '␣';
71              *cp++ = ')';
72          }
73          // AND 結合
74          else {
75              if (i != 1) {
76                  *cp++ = '␣';
77                  *cp++ = '&';
78                  *cp++ = '&';
79              }
80              t += gen_obj(t);
81          }
82      }
83      return n;
84  }
85
86  int main(void)
87  {
88      for (;;) {
89          cp = cbuf;
90          rp = 0;
91          pls = 0;
92          cnt = NULL;
93          *cp++ = '\t';
94          if (parse_ladder(tbuf, 0) < 0) {
95              break;
96          }
97          if (rp) {
98              if (cnt) {
99                  *cp++ = ',';
100                 gen_obj(cnt);
101             }
102             *cp++ = ')';
103         }
104         *cp++ = ';';
105         *cp = 0;
106         puts(cbuf);
107     }
108     return 0;
109 }
```

（ラダー実行）

変換出力された式は，1 mS 間隔で呼び出される割り込み処理に取り込み[15]コンパイルする．この割り込み処理部分をリスト 3.19 に示す．

割り込み処理の始めでは，前サイクルで計算された値（'_' が前置される変数）をすべて，入出力の変数にコピーする．このタイミングで外部入力は固定され，外部出力が一斉更新される．その後，タイマやカウンタを計算し，取り込んだ論理式を順に実行する．これが 1mS ごとに繰り返される．

ラダー論理を取り込んだ割り込み処理の内外には他の処理を混在させてもよい．即応性の低い処理は割り込み外で実行させるなど工夫すれば，簡単な制御システムに応用することも可能である．

[15] ladder.c を #include する．

リスト 3.19: ラダー論理式のフレームワーク

```c
#include <string.h>
#include <avr/io.h>
#include <avr/interrupt.h>
#include "plc.h"

extern volatile unsigned char r, w;
extern volatile char buf[];

#define PLS_X(n) (!x[n]&&X[n])
#define _SET(x,y) {if(y)x=-1;}
#define _RESET(x,y) {if(y)x=0;}
#define _T(x,y,z) (t[x]=(z)?(t[x]<0?y*100:t[x]):-1)
#define _C(x,y,p,r) (cp[x]=p,c[x]=r?-1:(c[x]<0?y:c[x]))

volatile char _M[M_MAX], M[M_MAX];
volatile int t[T_MAX];
volatile char T[T_MAX];
volatile int c[T_MAX];
volatile char cx[C_MAX], cp[C_MAX], C[C_MAX];

// 初期化
void plc_init(void)
{
    memset((void *)X, 0, sizeof(int)*X_MAX);
    memset((void *)_Y, 0, sizeof(int)*Y_MAX);
    memset((void *)_M, 0, sizeof(int)*M_MAX);
    memset((void *)t, -1, sizeof(int)*T_MAX);
    memset((void *)c, -1, sizeof(int)*C_MAX);
    memset((void *)cp, 0, sizeof(int)*C_MAX);
}

// 状態の更新 (D-FF)
static void update(void)
{
    unsigned char i;

    // 入出力値の固定
    memcpy((void *)x, (const void *)X, sizeof(char)*X_MAX);
    memcpy((void *)Y, (const void *)_Y, sizeof(char)*Y_MAX);
    memcpy((void *)M, (const void *)_M, sizeof(char)*M_MAX);
```

```
42      // タイマの更新
43      for (i=0; i < T_MAX; i++) {
44          if (t[i] > 0) {
45              t[i]--;
46          }
47          T[i] = !t[i];
48      }
49      // カウンタの更新
50      for (i=0; i < C_MAX; i++) {
51          if (c[i] > 0 && !cx[i] && cp[i]) {
52              c[i]--;
53          }
54          C[i] = !c[i];
55          cx[i] = cp[i];
56      }
57  }
58
59  // 変数表示(デバッグ用)
60  static void dump(void)
61  {
62      unsigned char i;
63
64      for (i = 0; i < 8; i++) {
65          if ((_M[i] && !M[i]) || (!_M[i] && M[i]))
66              break;
67      }
68      if (i < 8) {
69          for (i = 0; i < 8; i++) {
70              buf[w++] = _M[i]? '1':'0';
71          }
72      }
73  }
74
75  // スキャン
76  ISR( TIMER2_COMPA_vect )
77  {
78      update();
79      target_system();
80
81      // ラダーロジック
82  #include "ladder.c"
83
84      dump();
85  }
```

(ラダーによるステートマシン)

　ステートマシンの実装には，状態の管理に図3.20のような順序回路（ジョンソンカウンタ）を使うとよい[16]．ある状態に遷移するとONとなる信号線（内部リレー）を状態ごとに用意し，最後の状態を反転させて最初の状態をリセットする．最後の状態に至り最初の状態がリセットされれば，一定時間後にすべての状態信号がOFFとなり初期状態に戻る．ある状態で出力信号を更新するときは，「その状態がON && 次の状態がOFF」において入力や他の内部リレーの値を組み合わせる．また，その状態以外では自己保持させる（図3.21）．

[16] 最近のラダー開発環境では，状態遷移を伴う処理のプログラム作成を支援する枠組みとして，SFC（Sequential Function Chart）が用意されている．

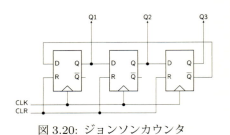

図 3.20: ジョンソンカウンタ

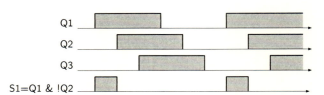

図 3.21: ジョンソンカウンタによる状態遷移

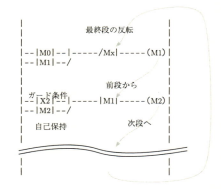

図 3.22: ジョンソンカウンタのラダー回路

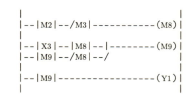

図 3.23: 状態と出力の合成

手順 1. ステートマシン図を描く.

手順 2. ジョンソンカウンタを用意し，遷移する条件を組み込む（図 3.22）.

手順 3. 各カウンタ出力と入力および内部リレーから出力を合成する（図 3.23)[17]

---

[17] S2 (= M2 & !M3) のとき Y1 を X3 で更新.

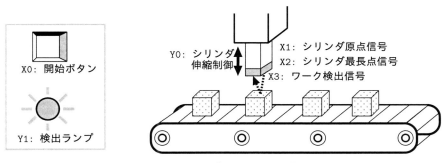

図 3.24: シリンダによるワーク検出

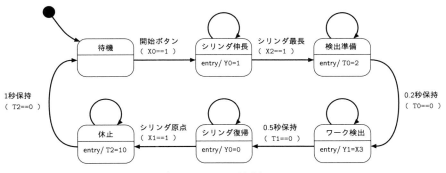

図 3.25: シリンダ制御（ワーク検出）のステートマシン

例として，シリンダ（電磁石やモータによってシリンダが伸縮する装置）によりワーク（加工対象物）の有無を検出するシステム（図 3.24）をプログラムする．

ボタン，シリンダ等は，マイコン基板上のスイッチなどで代用し，プログラムによりシミュレートする．シリンダの伸長やワーク検出状態はマトリクス LED に表示する．

ボタンを押して開始，シリンダが最長位置に達するまで伸長させ，そこでセンサによって物体が検出されればランプを点灯する．その後シリンダを原点位置に復帰させ，ランプを消灯する．検出の前後およびシリンダ復帰から次の検出開始までは待ち時間（0.2, 0.5 および 1 秒）を入れる．この動作のステートマシンを図 3.25 に示す．

このシステムのラダー記述は図 3.26 のとおり（説明のため M4, M6 を追加）．

また，変換プログラムにより生成される論理式は 3.20 となる．

```
        |                                      |
        |--|X0|----------------P(M0)|
        |                                      |
        |--|M0|--|--/M6|--------(M1)|
        |--|M1|--/                          |
        |                                      |
        |--|X2|--|--|M1|--------(M2)|
        |--|M2|--/                          |
        |                                      |
        |----------|M2|------[T0:2]|
        |--|T0|----------------(M3)|
        |                                      |
        |----------|M3|------[T1:5]|
        |--|T1|----------------(M4)|
        |                                      |
        |--|X1|--|--|M4|--------(M5)|
        |--|M5|--/                          |
        |                                      |
        |----------|M5|-----[T2:10]|
        |--|T2|----------------(M6)|
        |                                      |
        |                                      |
        |--|M1|--/M4|-----------(Y0)|
        |                                      |
        |--|X3|--|M3|--|--/M6|--(M7)|
        |--|M7|--------/                  |
        |--|M7|----------------(Y1)|
        |                                      |
```

図 3.26: シリンダ制御のラダープログラム

リスト 3.20: シリンダ制御の論理式

```
1    _M[0] = PLS_X(0);
2    _M[1] = ( M[0] || M[1] ) && !M[6];
3    _M[2] = ( X[2] || M[2] ) && M[1];
4    _T(0, 2, M[2]);
5    _M[3] = T[0];
6    _T(1, 5, M[3]);
7    _M[4] = T[1];
8    _M[5] = ( X[1] || M[5] ) && M[4];
9    _T(2, 10, M[5]);
10   _M[6] = T[2];
11   _Y[0] = M[1] && !M[4];
12   _M[7] = ( X[3] && M[3] || M[7] ) && !M[6];
13   _Y[1] = M[7];
```

このシリンダ制御では M1〜M6 が，それぞれの状態でのガード条件を含めたジョンソンカウンタを構成する．内部変数 M の出力トレースを 3.21 に示す．最終状態に至るとほぼ瞬時に初期状態に戻る．

なお，実用的なプログラムにおいては非常時の処理や安全面の対策が重要となる．緊急停止ボタンや異常発生時の退避・復旧処理などを加え，より複雑なステートマシンを設計することになる．

ラダー言語による PLC プログラミングは，ハードなリアルタイム応答が要求

リスト 3.21: シリンダ制御の状態遷移

```
 1
 2    M 01234567
 3      10000000 開始(SW1 = ON)
 4      01000000
 5      01100000
 6      01110000
 7      01111000 ワークなし(SW2 = OFF)
 8      01111100
 9      01111110 復帰完了
10      00111110
11      00011110
12      00001110 (完了〜初期状態までは瞬時に遷移)
13      00000110
14      00000010
15      00000000 初期状態
16
17
18    M 01234567
19      10000000 開始(SW1 = ON)
20      01000000
21      01100000
22      01110000
23      01110001 ワークあり(SW2 = ON)
24      01111001
25      01111101
26      01111111 復帰完了
27      00111110
28      00011110
29      00001110
30      00000110
31      00000010
32      00000000 初期状態
```

される部分，あるいは制御対象との信号のやりとりが短いステップで定型化されるような部分に有効と言える．しかしながらラダー図による開発は，PLC メーカ固有の拡張機能を駆使した職人芸的なプログラムになりやすい．シーケンスが複雑になるとデバッグが困難になりやすい側面もある．ラダーにより開発されたシステムを長期にわたって維持していくためには，ラダーの優位性をよく吟味し，例えば汎用のプログラミング言語やスクリプト記述の処理との協調なども積極的に検討すべきと言える．

演習問題

1. 図 3.24 のシリンダ制御システムに緊急停止ボタンを追加し，シリンダをどの状態からも直ちに原点復帰させるステートマシンおよびラダープログラムを記述せよ．
2. 信号機の例をラダーでプログラムせよ．

3.3 タスクの実行

マイコンが担うタスクは，ユーザの入力操作への応答や表示，センサからのデータ処理，外部機器の制御など多岐にわたる．さまざまな処理は必要なタイミングで起動され，独立に，あるいは連携して動作し，終われば次の起動を待つ状態となる．処理の途中でユーザ入力，外部データ到着，機器動作の完了などを待つこともある．この節では，1つのマイコンの中で多くの処理が同時並行的に実行される仕組みを理解する．

前節で学んだイベント駆動では，イベント待ち部分を共有化し，起動条件を満たした処理のみ実行する記述とすることで，複数の処理を1つのループに収容した．この方法では，ある処理の実行が完了するまでは，実行可能となった他の処理を開始できない難点がある．時間制約の厳しい処理には割り込みを使うとしても，処理の規模が大きくなるにつれ開始の遅延が問題となり実装は難しくなる．

この問題への対処として，2つの方法が考えられる．1つは，個々のタスクを細かく分割し数珠つなぎにして切り替え実行するものである．後続の処理に移るタイミングで別系統の処理に切り替えれば，特定のタスクにCPUを占有されることなく複数のタスクが切り替わりながら進行する（協調的マルチタスク）．もう1つは，実行中のタスクを割り込みにより強制中断して別のタスクに切り替える方法である．手作業で処理を細分化せずに，複数のタスクを時分割で実行させることができる（プリエンプティブ・マルチタスク）．

3.3.1 協調的マルチタスク

「疑似マルチタスク」あるいは「ノンプリエンプティブ（強制的でない）・タスク切り替え」とも呼ばれる．各タスクがプログラム上の工夫により実行権を自主返上しながら切り替えを行い，同時並行的に処理を進める方式である．プログラマがプログラム作成時に個々のタスクを細切れにしておき，それらを切り替える仕組みを用意する．一般的な協調的マルチタスク実装ではすべてのタスクでメモリ空間が共有され，タスクは関数単位で切り替えられる．このためデータ共有は比較的容易であるが，共有データの管理には注意を要する．また，タスクの切り替えは細切れ部分の実行ごとに行われるため，占有時間の長いタスクが他タスク

```
for(;;){
    task_A(); .........
    task_B(); .........
}
```

```
void task_A( void )
{
    static char s = 0;

    switch (s) {
    case 0:   /*  処理 1/4 */
        s++;
        break;
    case 1:   /*  処理 2/4 */
        s++;
        break;
    case 2:   /*  処理 3/4 */
        s++;
        break;
    default:  /*  処理 4/4 */
        s = 0;
        break;
    }
}
```

```
void task_B( void )
{
    static char s = 0;

    switch (s) {
    case 0:   /*  処理 1/4 */
        s++;
        break;
    case 1:   /*  処理 2/4 */
        s++;
        break;
    case 2:   /*  処理 3/4 */
        s++;
        break;
    default:  /*  処理 3/4 */
        s = 0;
        break;
    }
}
```

図 3.27: コルーチンの基本構造

の実行を阻害する場合もある．

コルーチン

タスクを switch〜case 文で分割し，順に実行できる構造にしておく（ステートマシン実装に似た構造）．このようなタスクをメインループから順に呼び出せば，case 文の区切りごとに関数がメインループに戻り，次のタスクに切り替わる（図 3.27）．

switch や case をマクロで隠蔽し，通常のプログラム記述の中の適当な区切りに sleep() 関数（実際は return〜case のマクロ）を埋め込むだけでタスク切り替えの仕組みが実装できる．ただし区切りのたびに関数がリターンするため，タスク関数内の自動変数が維持されないことに注意を要する．常に static 宣言かグローバル変数を使う必要がある．

実際にマクロを用いて記述した例をリスト 3.22 に示す．それぞれのタスクは関数内で TASK_BEGIN 〜 TASK_END で囲い，他のタスクに切り替えてよいタイミング，あるいは待ち時間となる箇所に TASK_SLEEP(x) を挿入する．こ

こで引数 x は待ち時間 (mS) であり，単にタスクを切り替えるだけであれば 1 を指定する．この例では音階発生とマトリクス LED のフラッシャ表示を並行実行している．

リスト 3.22: コルーチンの実装

```
1  #include <avr/io.h>
2  #include <avr/wdt.h>
3
4  /* コルーチンのマクロ */
5  #define TASK_BEGIN   static char _cortn=0;switch(_cortn){case 0:
6  #define TASK_END     default:_cortn=0;return 1;}
7  #define TASK_SLEEP(x) _cortn=__LINE__;return x;case __LINE__:
8
9  static int task_A( void )
10 {
11     static unsigned char m = 1; // static 宣言が必要
12
13     TASK_BEGIN
14         PORTB ^= m;       // マトリクスLED 表示
15         m = (m << 1) | (m >> 7);
16      TASK_SLEEP(150);
17     TASK_END
18 }
19
20 static int task_B( void )
21 {
22     static unsigned char tone[8] = { 238, 212, 189, 178, 158, 141,
            126, 118 };
23     static unsigned char n = 0;
24
25     TASK_BEGIN
26         OCR2A = tone[n++]; // 音階発生
27         n &= 7;
28         PORTC |= 0x10;    // 緑LED ON
29      TASK_SLEEP(200);
30         PORTC ^= 0x30;    // 緑LED OFF
31      TASK_SLEEP(300);
32     TASK_END
33 }
34
35 int main(void)
36 {
37     int  timeout1 = 1;
38     int  timeout2 = 1;
39
40     DDRB = 0xff;
41     DDRC = 0x3f;
42     DDRD = 0xfe;
43
44     // Timer0 1mS, CTC, 1/64
45     OCR0A = ((F_CPU >> 6) / 1000) - 1;
46     TCCR0A = 0x02;
47     TCCR0B = 0x03;
48
49     // Timer2 ブザー音程
50     TCCR2A = 0x12;
51     TCCR2B = 0x44;
52
53     for( ;; ) {
54         if ((TIFR0 & _BV(OCF0A)) == 0) {
55             continue;
56         }
```

```
57            TIFR0 = _BV(OCF0A);
58            wdt_reset();
59
60            // 指定の待ち時間後に起動
61            if (--timeout1 == 0) {
62                timeout1 = task_A();
63            }
64            if (--timeout2 == 0) {
65                timeout2 = task_B();
66            }
67        }
68
69        return 0;
70    }
```

演習問題

1. 組込み向けのコルーチン実装において，マクロの使われ方を調べよ．
2. マクロ機能 __LINE__ がどのように使われているか考えよ．

ディスパッチ・キュー

　タスクを関数に分割してそのポインタをキューに入れ，実行可能となった順に実行（ディスパッチ）する方法である．同時並行的に実行される処理の流れが増減する場合や，指定時間後の起動，あるいはキューイングされたタスクのキャンセルなどにも対応できる．また，関数のパラメータとして個別に確保したデータメモリを渡し，同系統の処理を同時並行で稼働させることもできる．

　最も簡単な実装は，キューに関数ポインタと起動までの遅延時間を登録し，ディスパッチャは起動時間に達した関数を実行するだけのものである（図3.28）．関数の中で別の関数を登録することにより，細切れにした後続処理の呼び出しや状況に応じたタスク起動が可能となる．一定の時間間隔で同じ関数を呼び出してもよい．

細切れタスク関数を開始時間（現時刻からの遅延）とともに登録
↓
登録時に，開始時間順となるようキューに挿入
↓
キューの先頭タスクが開始時間（実行可能状態）に達したら実行
↓
タスクの実行中に後続の，あるいは他のタスクを登録可能

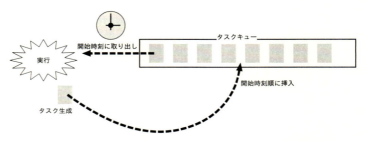

図 3.28: キュー内のタスク群を実行可能となった順に実行

あるタスクが実行可能状態となっても，その時点で前の処理が完了していない場合や，同時刻に実行可能状態となったタスクが先に実行された場合には待たされることになる．タスクの細分化が十分でないと，他のタスク起動を遅延させやすくなる．応答時間に厳しい制約がある処理は割り込みを併用するなどの工夫が必要となる．また，一般にメモリ空間を共有して動かすため，タスク間でのアクセス競合にも注意を要する．

タスク管理機構をリスト 3.23 に，また複数タスクの実装例をリスト 3.24 に示す．task_register() では関数と起動時の引数および起動までの遅延時間を指定する．登録した関数が起動すると，次の関数（ここでは2つ）を登録し，呼び出しが継続される．引数として値の代わりに構造体へのポインタを渡せば，同一関数を多数起動させての共存も可能となる．ここでは楽曲演奏を行ったが，空いているタイマ・カウンタに別の圧電ブザーを接続し，複数の楽曲を同時演奏させるなどの拡張も容易にできる．

ディスパッチ・キューはタスクを関数単位で切り替えるため，ディスパッチャも C 言語のみで簡潔に記述できデバッグもしやすい．タスクを関数分けする手間とキューの管理が必要であるが，複雑な動作のアプリケーションにも十分対応できるため，比較的規模の大きいシステムにもしばしば使われる[18]．TCP/IP などの通信プロトコルを実装すれば，複数のセッションを実用的に動かすことができる．

[18) Windows ME や Mac OS 9 までは PC の OS として使われていた．これらはアプリケーションがイベント待ちとなるタイミングでキュー先頭のタスクに切り替えている．

リスト 3.23: ディスパッチ・キューの実装

```
1  #include <avr/interrupt.h>
2  #include <avr/wdt.h>
3  #include "list_3-2os.h"
4
5  #define NULL ((void *)0)
6
7  #define TASK_MAX 8
8
9  /* 関数型宣言 */
10 typedef void (*FUNC)(int);
```

```c
/* タスク管理構造 */
typedef struct {
    FUNC    func;
    int     param;
    unsigned int time;
} TASK;


static volatile unsigned int tick = 0;
static TASK   task[TASK_MAX];


// タイマ割り込み処理
ISR( TIMER1_COMPA_vect )
{
    tick++;
}

void task_init( void )
{
    unsigned char i;

    /* Timer1 割り込み 32mS, CTC, 1/256 */
    OCR1A = F_CPU / 8000 - 1;
    TCCR1A = 0;
    TCCR1B = 0x0c;
    TIMSK1 |= (1 << OCIE1A);

    for (i = 0; i < TASK_MAX; i++) {
        task[i].func = NULL;
    }
}

/* タスク登録 */
char task_register(void (*func)(), int param, unsigned int delay)
{
    unsigned char i;

    for (i = 0; i < TASK_MAX; i++) {
        if( task[i].func == NULL) {
            task[i].func = func;
            task[i].param = param;
            task[i].time = tick + delay;
            return 0;
        }
    }
    return -1;
}

/* タスク実行ディスパッチャ */
void task_dispatch( void )
{
    unsigned char i;

    for (i = 0; i < TASK_MAX; i++) {
        if( task[i].func != NULL && (int)(tick - task[i].time) >= 0) {
            task[i].func(task[i].param);
            task[i].func = NULL;
        }
        wdt_reset();
    }
}
```

リスト 3.24: 楽曲演奏のタスク例

```c
#include <avr/io.h>
#include <avr/interrupt.h>
#include "list_3-2os.h"

// pitch
enum {
    C4 = 238, D4 = 212, E4 = 189, F4 = 178, G4 = 158, A4 = 141, B4 = 126,
    C5 = 118, D5 = 105, E5 = 94, F5 = 88, RST = 0
};

// interval
enum {
    L4 = 32,
    L16 = (L4>>2), L8 = (L4>>1), L2 = (L4<<1), L1 = (L4<<2),
    L8h = (L8+L16), L4h = (L4+L8), L2h = (L2+L4)
};

typedef struct NOTE
{
    unsigned char tone;
    unsigned char length;
} NOTE;

// melody
const NOTE melody[] = {
    {C4, L8}, {F4, L8}, {F4, L4h}, {G4, L8},
    {A4, L8}, {C5, L8}, {F5, L8}, {D5, L8}, {C5, L4},
    {D5, L8}, {F4, L8}, {F4, L4}, {G4, L4},
    {A4, L2}, {RST, L4},
    {A4, L8}, {D5, L8}, {C5, L4h}, {D5, L8},
    {F5, L8}, {D5, L8}, {C5, L8}, {D5, L8}, {C5, L8}, {A4, L8},
    {C5, L8}, {A4, L8}, {F4, L8}, {A4, L8}, {G4, L8}, {F4, L8},
    {F4, L2}, {RST, L4},
    {RST, 0}
};

/* タスク (曲演奏) */

static void sound_off(int param)
{
    TCCR2A = 0;   // 音停止
}

static void sound_on(int n)
{
    const NOTE *note = &melody[n++];

    if (note->length == 0) {
        return;
    }
    PORTC ^= 0x10;

    if (note->tone != RST) {
        // 音を発生
        OCR2A = note->tone;
        TCCR2A = 0x12;
        // 音を早めに止めるタスクを登録
        task_register(sound_off, 0, note->length-(note->length>>3));
    }
    // 次の音を発生させるタスクを登録
    task_register(sound_on, n, note->length);
```

```
63  }
64
65  int main(void)
66  {
67      DDRB = 0xff;
68      DDRC = 0x3f;
69      DDRD = 0xfa;
70      PORTB = 0;
71      PORTC = 0;
72      PORTD = 0;
73
74      // Timer2 ブザー音程 CTC, 1/64
75      TCCR2B = 0x04;
76
77      task_init();
78      task_register(sound_on, 0, L2);
79
80      sei();
81      for (;;) {
82          task_dispatch();
83      }
84      return 0;
85  }
```

3.3.2 プリエンプティブ・マルチタスク

複数のタスクをタイマ割り込みなどによって強制的に切り替える方式である．プログラムを細切れにする必要はなく，リソース競合を除いては他のタスクの実行状況に注意を払う必要もない．比較的に独立性の高い（データ共有やリソース競合の少ない）タスクを高速に切り替えながら同時並行的に実行する．それぞれのタスクについて迅速な応答性を保証するとともにタスク間の干渉が少ないという特徴がある．割り込みを使ったタスク空間の入れ替え（コンテキスト・スイッチ）にややオーバーヘッドがある．不定のタイミング（データ操作の途中など）でタスクが切り替わるため，タスク間のデータ共有や通信には工夫を要する．

コンテキスト・スイッチ

タスクごとに個別のメモリ領域を割り当てておき，CPU の実行状態とともにデータ空間も切り替えれば，単一 CPU 上で複数のタスクを独立に動かすことができる．

通常の割り込み処理では，例えばタイマ割り込みが発生するとプログラム・カウンタ値がスタックにプッシュされ，割り込み処理の始めで現在のレジスタ値が退避される．処理が終わるとレジスタ値が復旧され，プログラム・カウンタが戻され中断していた処理が再開する．

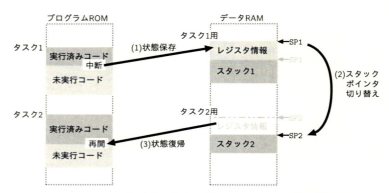

図 3.29: スタックポインタ入れ替えによるタスク切り替え

ここで割り込み処理中に，スタックポインタを入れ替えることを考える（図 3.29）．このスタックポインタが指すメモリには，別のタスクでプッシュされたレジスタが格納されているものとする．割り込みからの復帰動作では，入れ替えたあとのスタックポインタを参照してレジスタ値が復旧され，最後にはプログラム・カウンタも戻される．つまりは割り込み処理を介して，当初割り込まれたプログラムとは別のプログラムに処理が移ることになる．この工夫により，異なるデータ空間で動作する複数のプログラムをタイマ割り込みのたびに渡り歩いて実行することが可能となる．

タイムシェアリング式スケジューリング

まず CPU 時間を 4 つのタスクに等配分する例を示す（図 3.30）．実質的に 4 つの CPU がそれぞれ 1/4 クロック相当のスピードで動くことになる．一定時間ごとにタイマ割り込みでコンテキスト・スイッチを行うプログラムをリスト

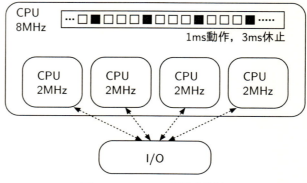

図 3.30: CPU の仮想時分割

3.25 に，マトリクス LED を 4 分割してそれぞれを独立に走査，更新する例をリスト 3.26 に示す．グローバル変数や周辺機能を使わなければリソース競合はなく，タスク間に干渉は生じない．例えばそれぞれのタスク内でループによる待ち時間処理をいくつ入れても他のタスク実行に影響は及ばない．

リスト 3.25: コンテキスト・スイッチ（等時分割）の実装

```
1  #include <avr/io.h>
2  #include <avr/interrupt.h>
3  #include <avr/wdt.h>
4
5  #define TASK_MAX 10
6
7  #define MEM_DEFAULT 64
8  /* pushed register size(33) + return address(2) */
9  #define PUSH_SIZE 35
10
11 static unsigned int  heap = 0x200;
12
13 volatile unsigned int stackp[TASK_MAX];
14 volatile unsigned int *sp_min = &stackp[0];
15 volatile unsigned int *sp_max = &stackp[0];
16 volatile unsigned int *sp = &stackp[TASK_MAX-1];
17
18 volatile unsigned int tick = 0;
19
20
21 void TIMER2_COMPA_vect(void) __attribute__((signal,naked));
22
23 ISR( TIMER2_COMPA_vect )
24 {
25     asm volatile( \
26     "push    r1 \n"\
27     "push    r0 \n"\
28     "in      r0,__SREG__ \n"\
29     "push    r0 \n"\
30     "clr     r1 \n"\
31     "push    r2 \n"\
32
33 // ...
34
35     "push    r31 \n"
36     );
37
38     wdt_reset();
39     tick++;
40
41     *sp = SP; /* SP を保存 */
42
43     /* 次のタスクへ切り替え */
44     if (++sp >= sp_max) {
45         sp = sp_min;
46     }
47     SP = *sp; /* SP を復元 */
48
49
50     asm volatile( \
51     "pop     r31 \n"\
52
53 // ...
```

```
54          "pop    r2 \n"\
55          "pop    r0 \n"\
56          "out    __SREG__, r0 \n"\
57          "pop    r0 \n"\
58          "pop    r1 \n"\
59      );
60      reti();
61  }
62
63  /* タスク切り替えの初期化 */
64  void task_init(void)
65  {
66      /* Timer2 1mS, CTC, 1/64 */
67      OCR2A = (F_CPU >> 6) / 1000 - 1;
68      TCCR2A = 0x02;
69      TCCR2B = 0x04;
70      TIMSK2 = (1 << OCIE2A);
71  }
72
73  /* タスクの生成と起動 */
74  void task_create( void *func )
75  {
76      unsigned int bottom;
77      int   i;
78
79      /* メモリ空間を確保 */
80      for (i = 0; i < MEM_DEFAULT; i++) {
81          *(char *)heap++ = 0;
82      }
83
84      /* タスクのエントリをスタックに PUSH */
85      bottom = heap - 1;
86      *(unsigned char *)(bottom) = (unsigned int)func & 0xff;
87      *(unsigned char *)(bottom-1) = (unsigned int)func >> 8;
88
89      /* スタックポインタを設定 */
90      *sp_max++ = bottom - PUSH_SIZE;
91  }
```

リスト3.26: マトリクスLEDの4分割走査と更新の例

```
1   #include <avr/io.h>
2   #include <avr/interrupt.h>
3   #include <avr/wdt.h>
4
5   extern void task_init(void);
6   extern void task_create( void *func );
7   extern volatile unsigned int tick; /* mS */
8
9   /* マトリクスLED 0,1 段を左ローテート */
10  static void task_1( void )
11  {
12      unsigned int timeout = 0;
13      unsigned char m = 1;
14
15      for( ;; ) {
16          PORTB = m;
17          PORTC = 0x1c;
18          PORTD = 0xf0;
19          if ((int)(tick - timeout) >= 0) {
20              timeout += 500;
21              m = (m << 1) | (m >> 7);
22          }
```

```c
23      }
24  }
25
26  /* マトリクスLED 2,3 段を右ローテート */
27  static void task_2( void )
28  {
29      unsigned int timeout = 0;
30      unsigned char m = 1;
31
32      for( ;; ) {
33          PORTB = m;
34          PORTC = 0x03;
35          PORTD = 0xf0;
36          if ((int)(tick - timeout) >= 0) {
37              timeout += 200;
38              m = (m >> 1) | (m << 7);
39          }
40      }
41  }
42
43  /* マトリクスLED 4,5 段を左ローテート */
44  static void task_3( void )
45  {
46      unsigned int timeout = 0;
47      unsigned char m = 1;
48
49      for( ;; ) {
50          PORTB = m;
51          PORTC = 0x0f;
52          PORTD = 0xc0;
53          if ((int)(tick - timeout) >= 0) {
54              timeout += 700;
55              m = (m << 1) | (m >> 7);
56          }
57      }
58  }
59
60  /* マトリクスLED 6,7 段を右ローテート */
61  static void task_4( void )
62  {
63      unsigned int timeout = 0;
64      unsigned char m = 1;
65
66      for( ;; ) {
67          PORTB = m;
68          PORTC = 0x0f;
69          PORTD = 0x30;
70          if ((int)(tick - timeout) >= 0) {
71              timeout += 900;
72              m = (m >> 1) | (m << 7);
73          }
74      }
75  }
76
77  int main(void)
78  {
79      /* LED ポートの設定 */
80      DDRB = 0xff;
81      DDRC = 0x1f;
82      DDRD = 0xfe;
83      PORTB = 0x42;
84
85      /* タスク切り替え割り込みの設定 */
86      task_init();
87
```

```
 88      /* タスクの生成と起動 */
 89      task_create(task_1);
 90      task_create(task_2);
 91      task_create(task_3);
 92      task_create(task_4);
 93
 94      /* タスクスケジュールの開始 */
 95      sei();
 96      for( ;; ) {  /* 開始時のみ */
 97          wdt_reset();
 98      }
 99
100      return 0;
101  }
```

いずれかのタスクが待ち状態にあるとき，これを空ループで待たせてもよいが，この時間を他のタスクが有効に使えたほうがよい．このようなとき，自タスクへのCPU割り当てを返上する拡張を行ったものがリスト 3.27 である．task_sleep() で指定された時間は CPU 時間の割り当てが行われず，他タスクへ時間が配分される．ここでは自タスクの休止のみならず，他タスクを起動・停止させる例をリスト 3.28 に示す．ポート操作で LED と圧電ブザーを駆動するもので．音の高低と発生タイミングをタスク間の相互の起動停止で行っている．また，いずれのタスクも実行可能状態にないときにマイコンを低消費電力状態にするため，タイマ割り込みには Timer2 を用い，スリープモードに入るようにしてある．この規模の処理であれば 9 割以上の時間がスリープ状態となる．

リスト 3.27: コンテキスト・スイッチ（動的割り当て）の実装

```
 1  #include <stdlib.h>
 2  #include <avr/io.h>
 3  #include <avr/interrupt.h>
 4  #include <avr/wdt.h>
 5  #include "list_3-4os.h"
 6
 7  #define TASK_MAX 12
 8
 9  #define PUSH_SIZE 35   /* pushed register size(33) + return address(2)
        */
10
11  static unsigned int  heap;
12
13  typedef struct tcb {
14      int     delay;
15      unsigned int stackp;
16  } TCB;
17
18  static volatile TCB *t_idle, *t_run, *t_end, *t_last;
19  static volatile TCB tcb[TASK_MAX+1];
20
21  void TIMER2_COMPA_vect(void) __attribute__((signal,naked));
22
23  ISR( TIMER2_COMPA_vect )
24  {
25      asm volatile( \
26      "push   r1 \n"\
27      "push   r0 \n"\
```

```
28        "in     r0, __SREG__ \n"\
29        "push   r0 \n"\
30        "clr    r1 \n"\
31        "push   r2 \n"\
32
33        // ...
34
35        "push   r30 \n"\
36        "push   r31 \n"
37        );
38
39        wdt_reset();
40
41        {
42            TCB *p;
43
44            t_run->stackp = SP;    /* SP を保存 */
45
46            /* 待ち時間をカウント */
47            for (p = (TCB *)t_idle + 1; p <= t_last; p++) {
48                if (p->delay > 0) {
49                    p->delay--;
50                }
51            }
52
53            /* 次のタスクに切り替え */
54            p = (TCB *)t_run;
55            do {
56                if (++p > (TCB *)t_last) {
57                    p = (TCB *)t_idle;
58                }
59            } while (p->delay && p != t_run);
60            t_run = p->delay? t_idle:p;
61
62            SP = t_run->stackp;    /* SP を復元 */
63        }
64
65        asm volatile( \
66        "pop    r31 \n"\
67
68 // ...
69
70        "pop    r2 \n"\
71        "pop    r0 \n"\
72        "out    __SREG__, r0 \n"\
73        "pop    r0 \n"\
74        "pop    r1 \n"
75        );
76        reti();
77 }
78
79 /* タスク切り替えの初期化 */
80 void task_init(void)
81 {
82     volatile TCB *p;
83
84     /* Timer2 1mS, CTC, 1/64 */
85     OCR2A = (F_CPU >> 6) / 1000 - 1;
86     TCCR2A = 0x02;
87     TCCR2B = 0x04;
88     TIMSK2 = (1 << OCIE2A);
89
90     heap = (unsigned int)__malloc_heap_start;
91
92     t_idle = (volatile TCB *)&tcb[0];
```

```c
 93      t_end = (volatile TCB *)&tcb[TASK_MAX+1];
 94
 95      for (p = t_idle + 1; p < t_end; p++) {
 96          p->delay = TASK_UNUSED;
 97      }
 98      t_run = t_idle;
 99      t_last = t_run;
100  }
101
102  /* タスクの生成と起動 */
103  char task_create( void *func, int memsize )
104  {
105      volatile TCB *p;
106      unsigned char n;
107      unsigned int bottom;
108      int   i;
109
110      /* 空き TCB を探す */
111      for (p = t_idle + 1, n = 1; p < t_end; p++,n++) {
112          if (p->delay == TASK_UNUSED) {
113              break;
114          }
115      }
116      if (p == t_end) {
117          return 0;
118      }
119      if (t_last < p) {
120          t_last = p;
121      }
122
123      /* メモリ空間を確保   */
124      if (memsize < MEM_DEFAULT) {
125          memsize = MEM_DEFAULT;
126      }
127      for (i = 0; i < memsize; i++) {
128          *(char *)heap++ = 0;
129      }
130
131      /* タスクのエントリをスタックに PUSH */
132      bottom = heap - 1;
133      *(unsigned char *)(bottom) = (unsigned int)func & 0xff;
134      *(unsigned char *)(bottom-1) = (unsigned int)func >> 8;
135
136      /* スタックポインタを設定 */
137      p->stackp = bottom - PUSH_SIZE;
138      p->delay = TASK_START;
139
140      return (char)n;
141  }
142
143  /* タスクの時間待ちと休止・再開 */
144  void task_sleep( char id, int wait )
145  {
146      volatile TCB *p;
147
148      p = (id == THIS_TASK)? t_run:&tcb[(unsigned char)id];
149
150      cli();
151      p->delay = wait;
152      sei();
153      if (id == THIS_TASK) {
154          do {
155              wdt_reset();
156          } while( p->delay );
157      }
```

```
158 }
```

リスト 3.28: 音の間欠発生と LED 点滅の実装

```c
#include <avr/io.h>
#include <avr/interrupt.h>
#include <avr/sleep.h>
#include "list_3-4os.h"

static char t1, t2, t3, t4, t5;
static int f = 1;

/* task_1 : LED 点滅 2 秒周期   */
static void task_1( void )
{
    for( ;; ) {
        PORTC ^= 0x14;
        task_sleep(THIS_TASK, 1000);
    }
}

/* task_2 : ブザー音発生 2f mS 周期   */
static void task_2( void )
{
    for( ;; ) {
        PORTD ^= 0x08;
        task_sleep(THIS_TASK, f);
    }
}

/* task_3 : ブザー OFF 1 秒間 */
static void task_3( void )
{
    for( ;; ) {
        PORTC &= ~0x20;
        task_sleep(t2, TASK_SUSPEND);
        task_sleep(t4, 1000);
        task_sleep(THIS_TASK, TASK_SUSPEND);
    }
}

/* task_4 : ブザー ON 0.5秒間 */
static void task_4( void )
{
    for( ;; ) {
        PORTC |= 0x20;
        task_sleep(t2, TASK_START);
        task_sleep(t3, 500);
        task_sleep(THIS_TASK, TASK_SUSPEND);
    }
}

/* task_5 : ブザー音切り替え 2秒ごと */
static void task_5( void )
{
    for( ;; ) {
        PORTD ^= 0x40;
        f = 4 - f;
        task_sleep(THIS_TASK, 2000);
    }
}

int main(void)
{
```

```
61        /* LED ポートの設定 */
62        DDRB = 0xff;
63        DDRC = 0x3f;
64        DDRD = 0xfe;
65        PORTB = 0x42;
66        PORTC = 0x0f;
67        PORTD = 0xf0;
68
69        task_init();
70
71        /* タスクの生成と起動 */
72        t1 = task_create(task_1, MEM_DEFAULT);
73        t2 = task_create(task_2, MEM_DEFAULT);
74        t3 = task_create(task_3, MEM_DEFAULT);
75        t4 = task_create(task_4, MEM_DEFAULT);
76        task_sleep(t4, TASK_SUSPEND);
77        t5 = task_create(task_5, MEM_DEFAULT);
78
79        set_sleep_mode(SLEEP_MODE_PWR_SAVE);
80        sei();
81        for( ;; ) {
82            sleep_mode();
83        }
84
85        return 0;
86  }
```

コンテキスト・スイッチは，相互作用が少ないタスクを1つのCPU上で同時に動かす用途や，時間制約の厳しい処理が多発するアプリケーションなどに有用である．同じアプリケーションの中でデータ処理が長期化する箇所を切り分けて他の処理の応答性を向上させる，複数のCPUで構成されるシステムを単一の高性能プロセッサに統合する，などの場合にも使われる．制御システムの実装では処理に重い数値演算が含まれない限り，ほとんどの時間がアイドル状態となることも多い．プリエンプティブなタスク切り替え方式を用いれば，各タスクのコードの独立性を保ちながら，さまざまな処理をCPU能力の限界近くまで収容することができる．

リアルタイム OS

プリエンプティブ・マルチタスクによるコンテキスト・スイッチの中でも，高い優先度を持ったタスクが短時間で確実に実行されるよう特に配慮されたものをリアルタイムOS (RTOS) と呼び，組込み機器の開発に広く用いられている．これらは設定した優先順位に基づいてタスクをスケジューリングする機構を備えている．実行可能状態にあるタスクを優先順位をもとに選択起動できるのであれば，優先順位の高いタスクについて応答時間を保証することが容易となる．RTOSは，メモリやCPU性能に余裕のある32bitマイコンでの利用が今後一層

増えていくと予想される．

> **演習問題**
>
> 1. 組込み向けの代表的な RTOS を調べよ．
> 2. FreeRTOS や μITRON におけるスケジューリング・アルゴリズムを比較せよ．
> 3. AVR マイコンを 8 MHz クロックで動かし 1 mS ごとにタスクを切り替える先の例において，コンテキスト・スイッチのオーバーヘッドが何 % となるか概算せよ．

3.4 システムの保守

　システムの開発は，動作検証をして客先に納めて終わりではない．運用が始まってからも継続的な関与が必要とされる．そうした運用開始後の保守について，組込みシステム開発時の配慮が不足しがちである．ここでは長期に渡りシステムを維持管理していくための工夫について，ソフトウェア実装の範疇を超えて考察してみる．また，保守性を向上させる一案として，小規模マイコンへの言語処理系とソースコードの内蔵技術を紹介する．

3.4.1 運用と更新

　開発したシステムを無事に納品したあとも，実環境で発生する不具合への対応や故障修理などで，開発部署へ協力が要請されることがある．これとは別に，個々の運用現場の実状に合わせたカスタマイズに追加の作業を余儀なくされる，あるいは耐用年数経過後の入れ替え時にシステムの改訂を求められることもある．

　カスタマイズとしては，運用開始後に発覚した使い勝手の悪さを修正したい，導入した現場ごとに動作の微調整をしたいなどの要求がある．改訂においては，積み上がった改善要望を取り入れてほしい，最新のマイコンを使うなどして処理能力を向上あるいは低消費電力化してほしい，といった要求がある．改訂なしの更新であっても保守期間後の部品調達に問題が生じ，改訂を余儀なくされる場合もある．

開発元としてこのような要望に応えるのは当然であるが，運用開始から年月が経過するに従って開発元の体制も変化し，システム更新への対応が困難な状況が増えてくる．よくある例としては，

- 担当者が異動もしくは退社し，当時の経験を持つ者が残っていない．
- 開発を委託した会社がなくなった．
- 資料が十分に残っていない．
- 当時の開発環境が再構築できない．

といったものである．開発時の資料が散逸した場合には，リバースエンジニアリングで動作仕様を洗い出し，すべて作り直すこともある．

保守性の向上

開発後の長期に渡るシステム運用の中で生じる保守上の課題は，開発時点での配慮によってそのリスクを軽減させることができる．それらは次のようなものである．

(部品選定時の注意)

設計に際しては，開発時点で出回っている部品が長期に安定して入手できるか熟慮する必要がある．注目される新興メーカの部品には数年後に消え去るものも珍しくない．長い実績のある部品には，置き換え時期が近いものもある．特定の大口顧客向けに用意したラインナップや販路拡大のための増産品が一時的に出回っている場合もある．将来のシステム更新を考慮すれば，性能面で多少の見劣りはあっても，実績のある標準的な機能の普及品で，他製品への代替が容易なものを選ぶことが重要である．

(技術の平準化)

回路設計やファームウェア実装においては，一部の技術者の高いスキルや一般性のない技巧に依存しないよう注意する．特にこれは，技術者の絶対数が少ない開発企業で起こりやすい．保身や自己満足が高じて無駄に難易度を上げていないか，レビューでチェックすることも大切である．OSなどのフレームワークやライブラリは，よほどの技術的優位性がない限りは内製せず，社内外で技術が共有しやすい一般性のあるものを用いる．

（引き継ぎへの配慮）

担当者が開発を通じて得た知見のすべてを共有することは困難である．これを踏まえ，開発者自身よりスキルの低い社内の技術者に引き継ぐことを想定してのコーディングと資料作成が必要である．理想的には，同レベルの案件をこなせる別の開発会社が，渡された技術資料のみで引き継げることが望ましい．

開発資料の作成においては仕様や実装方式を詳細に解説するのみならず，開発過程での試行錯誤も記録しておく．次の開発者が意図不明なコードを不用意に整理して，同じ轍を踏み工数を浪費しないためである．

（開発環境の維持）

かつては開発時の環境をPCごと保管することもあったが，最近では仮想マシンを活用し，OSごと開発環境のイメージを残すことも可能となった．しかしながら，ICEやプログラム書き込み器など外部接続される開発ツールはPCの物理規格の変更により動かせなくなるものもある．統合環境やコンパイラなどのソフトウェアは，オンラインでのライセンス管理が障害になる場合がある．

ファームウェアに修正を加え更新する場合，当時のソースコードで当時と同じバイナリが生成できるのであれば，修正による影響範囲を限定して検証作業を簡略化できる．しかしながら，コンパイラやライブラリのバージョンが上がり異なるバイナリが生成される場合には，全体検証が必須となる．旧システムでの開発に固執するか，最新の環境に移し替えるかの判断が難しい．

保守に備え，開発時の環境を維持していくことは現実には多くの困難が伴う．組込みに限らずシステム開発全般に共通する課題である．

（カスタマイズ対応）

顧客からの要望や開発側の提案により，現地調整や将来的な環境変化に備えてシステム動作のカスタマイズ機能を実装する場合がある．設定ファイルなどでのパラメータ指定やスイッチ切り替えにより，データの演算内容や演算式の係数を変更する機能である．このような仕組みは実装が煩雑になるとともに検証範囲が広がるため，有効性を慎重に検討すべきである．これら調整機能は，しょせんは設計時に想定される範囲のものであり，運用後に発覚した事態への対処ができないことも多い[19]．しかしながら，プログラムの動作シーケンスや条件判定の組

[19] 経験的には，活用されない事例が多かったように思う．

み合わせ，データ出力形式などを一部変更したいとの要望はしばしばある．タイミング制約の厳しくない上位層のコーディングは，スクリプト記述としてユーザ責任で修正できる仕組みを検討してもよい．

3.4.2 開発環境の内蔵

（言語処理系の内蔵）

運用現場でのカスタマイズに対応するために，マイコンシステム自体に小規模な言語処理系[20]を内蔵することがある．プログラムテキストを流し込めばチップ内で解釈し実行するもので，中規模以上のマイコンでは実現は難しくない．しかしながらローエンドと呼ばれる小規模マイコンの搭載 RAM は数百〜数 KB 程度であり，フラッシュ ROM が比較的大きい[21]ものであっても本格的な言語処理系の駆動は容易ではない．

また，組込み機器のプログラミング言語としては機械語まで翻訳できることが望ましいが，簡易な最適化では生成コードが肥大化しがちである．デバイス制御部分はあらかじめ C で開発しておき，言語処理は中間コード化して解釈実行する方式が現実的と言える．

（ソースコードの内蔵）

言語処理系とともにソースコード自体をチップに書き込んでおけば，長期的な保守を確実に行うことができる．10 年後，不幸にして開発リソースが失われてしまっても，内部コードを引き出し修正して再投入することができる[22]．

ソース保存はプログラムを記述したテキストをそのまま ROM に書き込めばよいが，少ないメモリを圧迫する．圧縮解凍すればそのためのプログラム領域も必要となる．RAM が少ない中で，ソースコードをダウンロードしながらの ROM への書き込みが円滑に行えるかどうかも検討を要する[23]．

搭載メモリに大きな余裕があるならば，ソーステキストはそのまま ROM に保持させるのが簡単である．メモリに余裕がない小規模マイコンにおいては，コード圧縮の代わりにソースの復元が可能な中間コード方式とするなどの工夫も考えられる．

---

[20] スクリプト言語，コマンドラインインタプリタ，シェルなどとも呼ばれる．

[21] RAM に対する容量比は 3〜16 倍程度．

[22] 言うまでもなく，不用意な改変や情報漏洩などへの対策は必要である．

[23] 一般にフラッシュ ROM への書き込み中はプログラム実行が停止するなどの制限がある．

3.4.3 BASIC インタプリタの実装

インタプリタ言語

　プログラミング言語の分類は，実行時のソースコード解釈の形態からインタプリタ型とコンパイラ型に大別される．ソースコードを逐次的に解釈実行する度合いが大きいものがインタプリタ，事前に翻訳を済ませる度合いが大きいものがコンパイラと呼ばれることが多く，組込み用 C 言語は機械語まで変換するコンパイラである[24]．

　一般にインタプリタ型言語の実行性能は完全機械語翻訳に比べ数倍～数百倍遅くなる．組込み開発で実用とするのであれば，厳しいタイミング制約のあるデバイス制御部分や主要な演算処理は C 言語で作成しておく，超低消費電力が要求されるシステムではスリープモードを駆使する，などの工夫が必要となる．

　初期のマイクロコントローラには，内蔵 ROM に BASIC インタプリタを搭載したチップがあった (BASIC-52)．8KB の ROM には実数型 BASIC 処理系とともにラインエディタと多数の数学関数が組み込まれ，外付けの ROM, RAM を加えてさまざまな実用システムが構築された．昨今は，ARM 系，MIPS 系のマイコンに拡張型 Tiny BASIC を内蔵したもの，PC で生成した中間コードを PIC マイコンで実行させるものなどがある．これらはいずれも手軽な開発実行環境を実現しており，簡易なシステムや趣味の製作などで活用されている．

　とはいえ業務での開発においては，小規模マイコンを効率的に動作させる実用的なプログラミング言語の選択肢は C のみであった．しかしながら近年の小規模マイコンの性能向上は大きく，また組込み処理のすべてが時間制約の厳しいものではないことも踏まえると，今後は製品開発においてもインタプリタ型言語の利用が進む可能性がある．

BASIC

　組込み制御用のプログラミング言語としては C が望ましいが，少メモリ環境のマイコンに内蔵させるうえで言語仕様の正確な実装は難しい．C 言語と標榜しての極端なサブセット（方言）は，C 記述に慣れた者に混乱を招く恐れがある．処理系の小規模実装が可能な言語としては LISP, FORTH が挙げられるが，中位記法構文が主流の昨今では一般に受け入れ難い．また，独自言語はどのようなものであれ，違和感が先行して敬遠される．このような状況からは方言が許容される雰囲気があり，古くからよく知られている BASIC が組込み用にも適して

[24] Java や .NET, Framework 言語はあらかじめ中間コードまでコンパイルし，仮想マシン（JVM や MSIL）で解釈実行する構成であり，中間的な位置付けとなる．

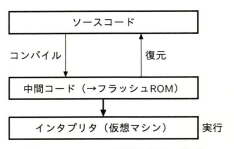

図 3.31: BASIC 言語処理系の構成

いると言える.

　小規模の組込みシステムにおける言語処理系の可能性を評価するため，以下の条件下で BASIC の実装を試みた.

- 軽量（おおむね ROM10KB 以下，RAM1KB 程度を想定）
- 制御に必須の言語機能（構造化とビット演算，レジスタ操作）
- 改変や拡張が容易（C 言語で記述し特異な技巧は用いない）

　処理系は，コード復元のために中間コードにコメント文を残し，式の評価順序の解析も実行系に任せる構成とした（図 3.31）.

　　　コンパイラ：中間コードを生成
　　　仮想マシン：中間コードを実行
　　　コード復元：中間コードからソースコードを復元

　はじめに，ここで実装した BASIC インタプリタによるプログラムの例をリスト 3.29 に示す．図 3.7 のステートマシンを実装[25]したもので，割り込み処理でマトリクス LED のダイナミック点灯を行う．制御構文は貧弱であるが，C 言語記述との対応は容易にとれている.

[25] ブザー音は省略.

リスト 3.29: BASIC で記述したエレベータ操作パネルの例

```
 1  '
 2  ' Elevator
 3  '
 4  _M:
 5  ' pattern '↓', '1'〜'6', '↑'
 6     m = { #18, #18, #18, #18, #7e, #3c, #18, #00,
 7           #08, #18, #08, #08, #08, #08, #1C, #00,
 8           #3C, #42, #02, #0C, #10, #20, #7E, #00,
 9           #3C, #42, #02, #3C, #02, #42, #3C, #00,
10           #04, #0C, #14, #24, #44, #7E, #04, #00,
```

```
11              #7E, #40, #40, #7C, #02, #02, #7C, #00,
12              #3C, #42, #40, #7C, #42, #42, #3C, #00,
13              #00, #18, #3c, #7e, #18, #18, #18, #18 }
14      '
15          f = 1
16          n = f
17      '
18      ' DDRB, DDRC, DDRD
19          @24 = #ff
20          @27 = #0f
21          @2a = #fe
22          @28 = #30
23      '
24          do
25              if t >= 50 then
26                  t = t - 50
27  
28                  do
29      ' Standby
30                      if s == 0 then
31                          b = @26 ^ #ff
32                          if f > 1 && b & #10 then
33                              n = 0
34                              w = 20
35                              s = 1
36                          else
37                              if f < 6 && b & #20 then
38                                  n = 7
39                                  w = 30
40                                  s = 2
41                              endif
42                          endif
43                          exit
44                      endif
45      ' Go Up
46                      if s == 1 then
47                          w = w - 1
48                          if w == 0 then
49                              f = f - 1
50                              n = f
51                              k = 0
52                              s = 0
53                          else
54                              k = k - 1
55                          endif
56                          exit
57                      endif
58      ' Go Down
59                      if s == 2 then
60                          w = w - 1
61                          if w == 0 then
62                              f = f + 1
63                              n = f
64                              k = 0
65                              s = 0
66                          else
67                              k = k + 1
68                          endif
69                          exit
70                      endif
71                  loop
72              endif
73          loop
74      '
75      '
```

```
76  ' scan matrix LED
77  _I:
78      q = (1 << c) ^ #ff
79      x = (c + k) & 7
80      @25 = 0
81      @2b = q & #f0
82      @28 = q | #30
83      @25 = m[n * 8 + x]
84      c = (c + 1) & 7
85  '
86      t = t + 1
87      return
88  '
89      end
```

言語仕様の概要

　小規模マイコンへの内蔵のため，BASIC言語としては最小の機能とした．制御構文は条件分岐と繰り返しのみ，データ型は16 bit整数型の数値と文字列および数値配列を扱える．メモリ効率を考慮し，文字列と配列へはバイトアクセスも可能とした（図3.32）．

コンパイル

　中間コードへの変換を行い，実行時の処理で著しく時間を消費する操作を済ませておく．ソースコード中に現れる字句の識別・分類と，分岐先オフセットの計算を行う．

> 字句解析：
> 　　コメント，文字列，ラベル，変数，予約語，演算子，数値の識別
> 　　数値文字列の数値化
> 　　予約語と演算子のトークン化
>
> 構文解析：
> 　　ラベル位置のテーブル化
> 　　制御構文の分岐先オフセット計算

　字句の解析はステートマシンにより行う（図3.33）．ソースコード中の文字を1字ずつ順に読み，現在の状態で終端が検出されればデフォルト状態に戻り，状態遷移に備える．終端検出の文字が次の状態の先頭文字の場合は読み込みを1字戻しておく．

構文	サブルーチン：	gosub * // *:〜 reuturn
	繰り返し：	do 〜 (if 〜 exit) 〜 loop
	条件分岐：	if 〜 then 〜 (else) 〜 endif
	割り込み：	_I: 〜 return （タイマ割り込み）
	入出力：	inkey, print
	開始位置ラベル：	_M:
	コード末尾：	end
	※サブルーチンのラベルはA〜Z	
演算子	算術演算：	+ - * / %
	論理演算：	&& || == != < > <= >=
	ビット演算：	& | ^
	シフト演算：	<< >> >>>（符号なし右シフト）
	※優先順位はC言語に準ずる	
データ型	変数：	a 〜 z （符号付き16bit）
	ワード配列：	a[] 〜 z[] （変数値がヒープ領域へのポインタ）
	バイト配列：	a$[] 〜 z$[] とすればバイトアクセス
	定数配列：	{*,*,*...}
	文字リテラル：	"string"
	レジスタ：	@## （## は特殊機能レジスタの16進数アドレス）
	例： a=0 b=10 c=15 なら	
	a[0]〜a[9]　　b[0]〜b[4]　　c[0]〜	
	(a[10]==b[0] となる)	
	#を前置すれば16進表記 #41 → 65	

図 3.32: 組込み内蔵型 BASIC 言語

インタプリタ実行

中間コードを解釈実行する．制御構文ではテーブルや付随するオフセット値をもとに分岐先アドレスを得る．式は再帰降下により評価する．コンソール入出力にはノンブロッキングで 1 文字読む INKEY 命令と，数値や文字列を表示する PRINT 命令のみ実装した．

制御構文：	呼び出し，リターン，繰り返し，条件分岐
式の評価：	再帰降下法
文字入出力：	USART からの 1 文字入力（ノンブロッキング）
	USART への文字列，数値，文字の出力

式 "a=b+3" の評価の流れを例に説明する（図 3.34）．式の中間コードはメモリ上で ["a" OP_LET "b" OP_ADD OP_NUM 0x0003] の 7 バイトを占める[26]．

[26] OP_*は演算子．OP_LET は "=", OP_ADD は "+", OP_NUM には "#" の文字が割り当てられる．

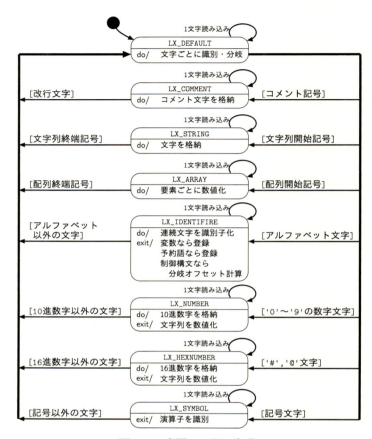

図 3.33: 中間コードの生成

assignment() で OP_LET が検出されると，続く文字 b は assignment() 〜 postfix() を経由して primary() で変数 b の数値として戻される．戻る途中の additive() で OP_ADD が検出され，続く OP_NUM と 0x0003 は additive() 〜 postfix() を経由して primary() で数値 3 が返される．その後，算出された b + 3 の値が assignment() まで戻る．assignment() では R = b + 3, L = &a となり，変数 a に b + 3 の結果が代入される．

ソースコードの復元

中間コードにはシンボル，ラベル，演算子がアルファベット 1 文字にコード化されており，変数やラベル名はもともと 1 文字である．これらの復元は容易であるが，コンパイル時に消失した改行，インデント，およびスペースを付加す

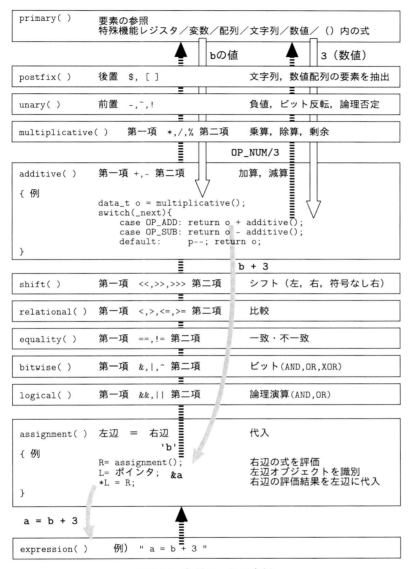

図 3.34: 中間コードの実行

る処理が煩雑となる．

　　　　復元：　　　中間コードのトークン，数値，コメント，文字列
　　　　整形：　　　改行，インデント

図 3.35: BASIC 言語処理系のメモリ配置図

メモリ配置

　コンパイラ，インタプリタ，コード復元処理には共有する関数もあるが，それぞれのソースコードは 300 行前後，バイナリはそれぞれおおむね 2 KB 程度となった．共有部分も含めた BASIC 言語処理系の全体として約 6.5 KB，中間コード領域は RAM と同じ 1 KB となり，フラッシュ ROM が 8 KB の ATmega88 への搭載が可能である[27]．RAM 上に生成した中間コードをフラッシュ ROM へ書き込む処理はブート領域から行う必要があり，この関数（約 200 バイト）のみフラッシュ ROM の最後尾に配置した（図 3.35）．

　この BASIC インタプリタは中間コードからのソース復元を行うため，コンパイル時に式の順序解析を行わない．安定して動作はするが，繰り返し周期が数ミリ秒の割り込み処理などはインタプリタ処理の負荷が重い．使い勝手の改善には，マトリクス LED などのデバイス制御部分は C で記述し組み込んでおくとよい．ターミナル接続すればただちにプログラムを作成実行できるため，プログラミング教育への利用も考えられる．

[27] ブート領域も含めた書き換えが必要なため，SPI プログラマが必要．

> **演習問題**

1. 中間コードを縮小する工夫を考えよ．
2. 中間コードをより高速に実行する工夫を考えよ．
3. マトリクス LED の走査をバックグラウンドで行う処理を追加せよ．
4. 制御構文を追加せよ（for, switch など）．
5. 数学関数や文字列操作の命令を追加せよ．
6. 整数演算から実数演算に改造せよ．
7. 他の CPU（ARM 系や PIC 系）に移植せよ．

付録　Arduino基板の利用

本書では AVR マイコンを用いて専用の教材基板を用意した．これに近いものは，Arduino 基板に拡張ボード（シールド）を増設することでも実現できる．ここでは Arduino Nano という小型のモジュールを用いた回路例を図 A.1 に示すが，他のほとんどの Arduino 基板でも同様のことが可能である．

この Arduino 基板はメモリ容量の大きな ATmega328P を搭載し，クロックには外付けの水晶発振子 (16 MHz) を用いている．この水晶発振子が PORTB の PB7,6 を占有するため[1]，マトリクス LED の走査部分のプログラムにリスト A.1 のような変更が必要となる．他にも，利用可能ピンが減った分を圧電ブザーにスイッチを共存させるなどしているため，ブザーの鳴動中はスイッチ読み取りができないなどの制限がある．プログラムのコンパイルに際しては，CPU 型番やクロック (F_CPU) を正しく設定することにも注意を要する．

[1] 本書で基板を独自設計した理由の 1 つである．

リスト A.1: マトリクス LED 走査の修正

```
/* LED の更新 */
void update_led()
{
    uchar sc;
    static uchar scan = 0xff; // LED 走査カウンタ

    scan = (scan + 1) & 7;
    sc = ~(1 << scan);
    // sc 上位 2bit -> PD5,4   sc 下位 6bit -> PC5-0
    PORTC = sc & 0x3f;
    PORTD = (led[scan] & 0xc0) | ((sc >> 2) & 0x30) | (PORTD & 0x0f);
    PORTB = led[scan];
}

int main(void)
{
    // ポートの初期化
    DDRB = 0x3f;
    DDRC = 0x3f;
    DDRD = 0xf2;
    PORTC = 0x00;
    PORTD = 0x0c;


}
```

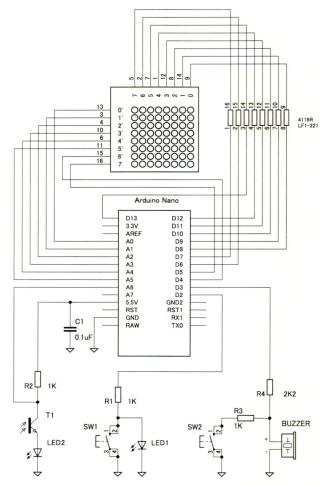

図 A.1: Arduino Nano を用いた教材基板の回路

なお，Arduino 基板に内蔵のブートローダを用いれば，avrdude を設定することにより AVR Studio から直接にプログラムを書き込むことができる[2]．

[2] 詳細は Web サイトを参照のこと．

索 引

数字・欧文

ADC　14, 121, 134
Arduino　7, 159, 225
BASIC　217
CMOS　10
CTC　71
PWM　14, 70, 89, 93
　位相補正PWM　95, 100
　高速PWM　95, 99
RTOS　213
UML　168

あ 行

アセンブラ　18, 167
イベント駆動　149, 153, 164, 168, 196
イベントループ　24, 62, 70
インタプリタ　217, 221
ウォッチドッグタイマ　25
エコーバック　109-111
応答時間　155, 186, 200, 212
オシロスコープ　40, 104
オブジェクトモジュール　20

か 行

カラーコード　8, 11
キャラクタサイズ　106
コルーチン　197, 199
コンテキスト・スイッチ　203, 204
コンデンサ　8, 12
コンパイラ　18, 215, 217
コンペアマッチ　26, 35, 70

さ 行

サンプリング　121
　サンプリング間隔　121
　サンプリング周波数　121
サーボ　70, 157, 158
システムクロック　13
シフトレジスタ　105, 178
シミュレータ　186
シミュレート　142
ショットキーバリアダイオード　15, 127
シリアルターミナル　14
シリアル通信　12, 14
シリアルポート　14, 108
シリンダ　193-195
信号機　173-176, 195
シーケンス制御　185
状態遷移　173, 191, 220
ジョンソンカウンタ　191
スケジューリング　204, 212
スタック　26, 204
スタティック点灯　44, 55, 56
スタートビット　103, 179
ステートマシン　54, 67, 168, 191, 218, 220
ストップビット　103
スリープモード　162-164, 167, 208, 217
セラミックコンデンサ　9

た 行

ダイオード　9
ダイナミック点灯　14, 46, 159, 218
タイマ　12, 57, 70
タイマ・カウンタ　12, 94
タイムシェアリング　204
タスク　137, 196
チャタリング　9, 49, 51
中間コード　216-218, 220-224
超音波距離計　159
ディスパッチ　199
デューティ　38, 71, 89
トグルモード　90
トリガ　50, 57, 124, 137, 159

な 行

入力キャプチャ　159, 162
ノンブロッキング　110, 221
ノーマルモード　71

は行

バイパス・コンデンサ　8
発光ダイオード　9
バッファリング　115, 121
パラレルインターフェース　31
パラレルポート　12
パリティ　17, 103
　パリティエラー　107
　パリティビット　103
ピン変化割り込み　59, 62-69
ファームウェア　7, 215
フォトトランジスタ　10, 15, 127
ブザー　10, 40
フラグレジスタ　61, 63, 64, 71
フラッシュROM　12, 14, 20, 216, 224
フリーランモード　124
プリエンプティブ　196, 203, 212
　ノンプリエンプティブ　196
プリスケーラ　72, 125
プリスケーリング　36
プルアップ　9, 32
プルダウン　9
フレーム　103
　フレームエラー　107
　フレームワーク　137, 185, 186, 190, 214
ポーリング　24, 62, 153
ボーレート　17, 103, 119, 121, 179
　ボーレートレジスタ　105
ポリスイッチ　15, 127

ま行

マイクロコントローラ　5, 11, 185, 217
マスクレジスタ　62, 72
マトリクスLED　14-16
マルチタスク　151
　協調的マルチタスク　196
　プリエンプティブ・マルチタスク　196, 203, 212
マルチファンクションピン　12, 57
マルチプレクサ　123, 124

ら行

ラダー　185-195
リアルタイムOS　212
リアルタイム応答　195
リファレンス電圧　121
量子化　121
リレー　11, 185, 186, 191
リングバッファ　115
ローテートシフト　51

わ行

割り込み　57, 153-156
　割り込みハンドラ　58

著者紹介

鷹合　大輔
1976 年生
金沢工業大学大学院 工学研究科博士後期課程修了 博士（工学）
株式会社 テクノマセマティカル IP 開発部 研究員を経て
金沢工業大学 工学部情報工学系 准教授

田村　修
1965 年生
東京工業高等専門学校電子工学科卒
神戸大学大学院 工学研究科修士（電子工学専攻）
有限会社リカージョン 取締役
第一級アマチュア無線技士
高度情報処理技術者（エンベデッド・システム・スペシャリスト）
金沢工業大学 工学部情報工学系 非常勤講師

組込み開発のための
実践的プログラミング

Ⓒ 2018 Daisuke Takago
　　　 Osamu Tamura

Printed in Japan

2018 年 3 月 31 日　初版第 1 刷発行
2022 年 3 月 31 日　初版第 4 刷発行

著　者　鷹合大輔・田村　修
発行者　大塚浩昭
発行所　株式会社 近代科学社
　　　　〒101-0051 東京都千代田区神田神保町 1-105
　　　　https://www.kindaikagaku.co.jp

大日本法令印刷　ISBN978-4-7649-0561-0
　　　　　　　定価はカバーに表示してあります。

【本書の POD 化にあたって】

近代科学社がこれまでに刊行した書籍の中には、すでに入手が難しくなっているものがあります。それらを、お客様が読みたいときにご要望に即してご提供するサービス／手法が、プリント・オンデマンド（POD）です。本書は奥付記載の発行日に刊行した書籍を底本として POD で印刷・製本したものです。本書の制作にあたっては、底本が作られるに至った経緯を尊重し、内容の改修や編集をせず刊行当時の情報のままとしました（ただし、弊社サポートページ https://www.kindaikagaku.co.jp/support.htm にて正誤表を公開／更新している書籍もございますのでご確認ください）。本書を通じてお気づきの点がございましたら、以下のお問合せ先までご一報くださいますようお願い申し上げます。

お問合せ先：reader@kindaikagaku.co.jp

Printed in Japan

POD 開始日　2024 年 7 月 31 日

発　　　行　株式会社近代科学社
　　　　　　〒101-0051 東京都千代田区神田神保町 1 丁目 105 番地
　　　　　　https://www.kindaikagaku.co.jp

印刷・製本　京葉流通倉庫株式会社

・本書の複製権・翻訳権・譲渡権は株式会社近代科学社が保有します。

|JCOPY| ＜（社）出版者著作権管理機構 委託出版物＞
本書の無断複写は著作権法上での例外を除き禁じられています。
複写される場合は，そのつど事前に（社）出版者著作権管理機構
（https://www.jcopy.or.jp, e-mail: info@jcopy.or.jp）の許諾を得てください。

あなたの研究成果、近代科学社で出版しませんか？

- ▶ 自分の研究を多くの人に知ってもらいたい！
- ▶ 講義資料を教科書にして使いたい！
- ▶ 原稿はあるけど相談できる出版社がない！

そんな要望をお抱えの方々のために
近代科学社Digital が出版のお手伝いをします！

近代科学社Digital とは？

ご応募いただいた企画について著者と出版社が協業し、プリントオンデマンド印刷と電子書籍のフォーマットを最大限活用することで出版を実現させていく、次世代の専門書出版スタイルです。

近代科学社Digital の役割

- **執筆支援** 編集者による原稿内容のチェック、様々なアドバイス
- **制作製造** POD書籍の印刷・製本、電子書籍データの制作
- **流通販売** ISBN付番、書店への流通、電子書籍ストアへの配信
- **宣伝販促** 近代科学社ウェブサイトに掲載、読者からの問い合わせ一次窓口

近代科学社Digital の既刊書籍 （下記以外の書籍情報はURLより御覧ください）

詳解 マテリアルズインフォマティクス
著者：船津公人／井上貴央／西川大貴
印刷版・電子版価格（税抜）：3200円
発行：2021/8/13

超伝導技術の最前線[応用編]
著者：公益社団法人 応用物理学会
超伝導分科会
印刷版・電子版価格（税抜）：4500円
発行：2021/2/17

AIプロデューサー
著者：山口高平
印刷版・電子版価格（税抜）：2000円
発行：2022/7/15

詳細・お申込は近代科学社Digitalウェブサイトへ！
URL：https://www.kindaikagaku.co.jp/kdd/